Katrin de Vries
Ein Garten offenbart sich

KATRIN DE VRIES

EIN GARTEN OFFENBART SICH

Erzählung von einem anderen Leben

dtv

Originalausgabe 2024
© 2024 dtv Verlagsgesellschaft mbH & Co. KG, München
Umschlaggestaltung: Alexandra Bowien, dtv
Umschlagillustration: Joanna Concejo
Satz: Fotosatz Amann, Memmingen
Gesetzt aus der Aldus nova Pro
Druck und Bindung: CPI books GmbH, Leck
Printed in Germany · ISBN 978-3-423-28405-9

Inhalt

Ein Blick

F rüh am Morgen geht eine greise, dunkel gekleidete Frau zu ihrem Acker hinter dem Haus. Es ist der Kartoffel-acker. Dicht an dicht, grün, in Reih und Glied wachsen hier die Kartoffeln. Die alte Frau blickt zurück. Ihr Mann, ihr Sohn und ihre Schwiegertochter sind im Haus. Niemand ist drau-ßen. Also kann auch niemand sie sehen. Denn das Haus hat zum Acker hin kein Fenster.

Die alte Frau bückt sich zu den Pflanzen hinab. Mit den Händen schabt sie ein wenig Erde weg. Dann bohrt sie die Finger in den lockeren Boden hinein. Sie tastet nach den Knollen. Sind sie schon groß genug?

Frühestens in zwei Wochen wird ihr Sohn die Forke in den Boden stoßen, um zwei, drei Stämme herauszuheben. Dann wird es die ersten Frühkartoffeln zu essen geben. Aber vier-zehn Tage, das sind für die Greisin noch viele, noch zu viele Tage.

Fast zwölf Monate lang hat die Familie von der Kartoffel-ernte des Vorjahres gegessen. Im Herbst war die Ernte im Kriechkeller, den man nur über eine kleine Luke im Flur er-reichen kann, eingelagert worden. Es ist ein Berg an Kartof-feln gewesen. Mittlerweile sind sie fast alle gegessen. Im Frühjahr ist ein Teil als Saatkartoffeln zurück in die Erde ge-gangen. Der kleine Rest, der noch daliegt, ist in den letzten

Wochen zunehmend verschrumpelt. Die Knollen haben immer mehr und immer längere Triebe gebildet. Sie suchen Licht, Erde und Wärme. Sie wollen überleben, indem sie sich vermehren. Ihre allerletzte Kraft geben die vorjährigen Kartoffeln in diese Austriebe. Doch auch diese alten Kartoffeln werden noch als Nahrung gebraucht. So lange, bis die Knollen der diesjährigen Stauden groß genug sein werden.

Die alte Frau blickt zum Haus. Weiterhin ist niemand zu sehen. Ihre Familie will nicht, dass die Kartoffeln zu früh, zu klein geerntet werden. Sie sind kostbar. Sie sind die Grundlage fast jeder Mahlzeit. Also müssen sie möglichst groß werden, bevor sie jemand aus der Erde holt. Alles andere wäre Verschwendung.

Aber die alte Frau ist schon so alt. Es gab nicht viele Genüsse in ihrem Leben. Sie weiß genau, wie die ersten Kartoffeln schmecken. Ihr ganzes Leben lang, über achtzig Jahre lang, hat sie im Juni diese ersten Kartoffeln gegessen. Deren Schale ist ein dünnes Häutchen. Die Knollen brauchen nur abgespült zu werden. Sie werden schnell gar. So zart sind sie. Fast ein wenig süßlich schmecken sie. Darüber geschmolzene Butter und ein wenig Salz. Und immer bleiben ein paar Kartoffeln übrig, die sie am Abend kalt isst. Die sie zuerst in die weiche Butter drückt, dann in das Salztöpfchen tupft und dann in den Mund schiebt.

Behutsam graben die Fingerspitzen der alten Frau weiter in den Boden hinein. Sie erfühlen die Knollen. Eine neben der anderen. Einige sind groß genug, entscheidet sie. In der Erde umschließt ihre Hand eine erste größere Kartoffel. Nur diese darf sie nehmen, denn nur diese lässt sich leicht von der Wurzelsprosse lösen, mit der sie noch an der Mutterkartoffel hängt. Die kleinen müssen weiterhin mit der Setzkartoffel verbunden bleiben. Diese ist noch nicht verrottet, und die kleinen Kartoffeln sind weiterhin auf die Verbindung mit ihr angewiesen, um zu wachsen. An sie darf jetzt nicht gerührt werden, damit das empfindliche Gebilde der Triebe nicht beschädigt wird.

Die alte Frau holt die erste der gelben Knollen ans Licht. Sie ist so warm wie die Erde, aus der sie kommt. Die alte Frau dreht sie ein wenig in der Hand und wischt so die verbliebene Erde ab. Sie hebt ihre Kittelschürze an und legt die Kartoffel hinein. Und dann wühlt und tastet sie weiter an den Pflanzen entlang. Bis sie genug für eine Mahlzeit zusammenhat.

Wie immer werden die anderen nicht erfreut sein und ein wenig schimpfen. Das wird nichts ändern. Sie steht auf. In ihrer Kittelschürze liegen die ersten Kartoffeln dieses Jahres. Sie lächelt. Sie geht zurück zum Haus. Um zwölf Uhr wird es Mittagessen geben.

Diese Greisin war meine Urgroßmutter.

Was wird geschehen

Mehr als ein halbes Jahrhundert später gehe ich mit unseren beiden Söhnen durch den Garten. Die zwei sind erwachsen und wohnen mittlerweile am anderen Ende Deutschlands. Aber der Garten, durch den wir laufen, war und ist der Garten ihrer Kindheit. Der Jüngere rupft ein paar Blätter von einem Weißdorn ab und steckt sie sich in den Mund. »Gut fürs Herz«, meint er lachend.

Wir bleiben vor dem ältesten unserer Apfelbäume stehen, einem Boskop. Er war schon lange vor uns hier und dürfte um die neunzig Jahre alt sein.

In anderthalb Metern Höhe klafft ein großes Loch in seinem Stamm. Vom Boden her ist die Rinde handbreit aufgeplatzt und endet in ebendiesem Loch. Die Kinder kennen diesen Baum und seine Höhlung von klein auf. Früher habe ich dort immer ein Osterei versteckt. Jahr auf Jahr haben wir seine Äpfel im Schuppen eingelagert und bis ins Frühjahr hinein gegessen.

Unser jüngerer Sohn arbeitet viel im Wald und auf dem Acker. Das ist seinen Händen anzusehen. Sie sind groß und kräftig. Mit diesen großen, kräftigen Händen fährt er sacht über die wulstige Rinde. Er greift in das Loch hinein, holt eine Handvoll Erde heraus und riecht daran.

»Dazu wird der ganze Baum werden«, sagt er und hält mir

11

die schwarze krümelige Erde hin, um sie dann in meine Hände rieseln zu lassen. »Unser alter Boskop wird langsam, ganz langsam absterben, er wird sein Leben weiter abgeben, wird sich wandeln und immer schwächer werden. Ab und an wird ein morscher Ast abbrechen. Pilze und kleine Tiere werden den Stamm von innen her zersetzen. Dieser Baum hier ist in seinem Altwerden einer der ganz besonderen kleinen Lebensräume, die wir im Garten haben. Selten gewordene Insekten können in ihm ihre Eier ablegen. Das macht ihn wertvoll.«

Ich blicke auf die Erde in meinen Händen. Sie duftet würzig wie Waldboden.

»In diesem bisschen Humus«, spricht er weiter, »lebt es. Er enthält eine Fülle von Bakterien, Mikroben, Pilzen. Sie alle zehren vom toten Holz und bilden diese seltene Substanz, wie sie sich so nur in hohl gewordenen Bäumen findet. Heutzutage lässt man alternden, kranken Bäumen nicht mehr die Möglichkeit, langsam abzusterben. Überall, im Wald oder im Garten, werden sie gefällt, wenn sie nicht mehr ganz gesund wirken oder irgendwie im Wege stehen. Dabei sind sie etwas Besonderes. Sie sind zu etwas Rarem geworden. Im Winter werde ich einige Zweige abnehmen und ein anderes Bäumchen, eine Unterlage, damit veredeln. Diese alte Boskopsorte sollte erhalten bleiben.«

Heute, noch einmal zehn Jahre später, ist dieser Schößling zu einem gedrungenen, nicht sehr hohen, aber weit ausladenden Apfelbaum herangewachsen. Er trägt große Früchte, die lange gelagert werden können.

Und der alte Apfelbaum? Er streckt weiterhin seine Zweige aus. Er ist wunderschön. Noch immer steht er im Frühling, insektenumsummt, in Blüte. Aber seine Äpfel bleiben klein. Für große Früchte hat er nicht mehr genügend

Kraft. Einige Äste sind im Sturm abgebrochen. Andere sind dicht mit Flechten überwachsen. Sein Inneres wurde in den Jahren weiter zersetzt. Der Baumstamm ist mittlerweile nach oben und unten hohl. Nur noch eine äußere Schicht ist fest. Dort sind gleich hinter der Rinde die Bahnen, durch die der Baum weiterhin Nährstoffe und Wasser transportiert. Sein Innerstes hat sich aufgelöst. Sichtbare und für unser Auge unsichtbare Wesen, Tiere, Pflanzen und Pilze, haben das harte Kernholz verzehrt. Sie haben sich dabei vermehrt und fortgepflanzt. Für sie war und ist diese Höhle ihr Ursprungs- und Lebensraum.

Neige ich den Kopf hinein, kann ich durch das Loch des alten Boskops nach unten blicken. Am Fuße seines Stammes hat sich ein wenig Rinde gelöst. Durch einen kleinen Spalt dringt Licht herein.

Vielleicht wird ein Sturm bald weitere morsche Äste abbrechen.

Vielleicht sogar den ganzen Stamm mit Wurzeln aus der Erde hebeln.

Oder was wird geschehen?

Die Zukünftigen

Ich bin im Rheiderland, dem westlichen Teil Ostfrieslands, geboren und aufgewachsen. Das Rheiderland liegt am Dollart, einem Meerbusen der Nordsee. Dieses Meer und das Ringen mit ihm haben den schmalen Landstrich in den letzten Jahrhunderten geprägt. Das Rheiderland war für lange Zeiten ein sehr feuchtes Gebiet mit Seen, Mooren und Sümpfen. In Büchern kann man lesen, welch vielfältige Pflanzen- und Tierwelt es hier noch vor hundert Jahren gegeben hat. Um Acker- und Weideland zu gewinnen, hat man die Sümpfe und Moore entwässert, den Torf abgestochen, Gräben gezogen, Bäume gefällt und Siele gebaut.

An der Küste kam es über Jahrhunderte hinweg immer wieder zu schweren Sturmfluten. Erst mit dem Deichbau im späten Mittelalter entstand ein erster Schutz vor dem Meer. Die Fluten hatten nun mit dem Deich einen Widerstand, an dessen Außenböschung, der flacher ansteigenden Seeseite, die Wellen ausrollten, sodass sich die Wassermassen nicht mehr weit ins Land ergießen konnten. Das Wasser führte Schlamm und Schlick mit sich, die sich vor dem Deich ablagerten. Diese Erde hatte einen hohen Gehalt an Senkstoffen, Pflanzen, die sich ehemals auf dem Meeresboden abgelagert hatten, aber auch Reste tierischer Schlickbewohner. Die äußerst fruchtbare Marsch begann sich zu bilden.

Durch Eindeichung dem Meer abgerungene Landstriche wurden Polder genannt. Da diese Böden so nährstoffreich waren, baute man, nachdem ein Polder entstanden war, einen weiteren Deich zum Dollart hin. Der neue Deich hielt nun ebenfalls die Wassermassen auf, wieder lagerte sich fruchtbarer Boden davor ab, und ein nächster Polder entstand. Diese Eindeichungen begannen um 1600 und dauern bis heute an. So hat der Mensch einen breiten Gürtel aus fruchtbaren Polderböden am Ufer des Dollarts entstehen lassen, die zum besten Ackerland in Deutschland gehören.

Steht man heute auf dem jüngsten Deich, so hat man ungefähr hundert Meter Vorland vor sich, mit Gras bewachsen und von Gräben durchzogen. Bei Sturmflut überschwemmt das Wasser diese Salzwiesen und reicht dann je nach Stärke bis an den Deich heran. Aber der ist hoch, noch besteht keine Gefahr eines Durchbruchs.

Am Ufer wächst Schilf oder Gras, dahinter beginnt das Wattenmeer. Da hier die Gezeiten herrschen, kommt das Wasser alle paar Stunden bis an das Ufer heran und zieht sich dann wieder zurück. Bei Ebbe liegt der graue Schlickboden, das Watt, frei. Es ist fast so, als gäbe es keine klare Abgrenzung zwischen Festland und Meer. Als seien die Übergänge fließend zwischen Land und Wasser.

Vor einigen Jahren wurden die Naturschutzbestimmungen am Dollart verschärft. Am Fuße des Deiches, zur Meerseite hin, ist ein hüfthoher Drahtzaun gezogen worden. Kein Mensch darf jetzt mehr auf das Vorland oder gar zum Ufer. Dabei sind in den letzten Jahrzehnten, seit wir hier wohnen, ohnehin kaum noch Menschen dort spazieren gegangen. Diese wenigen dürfen nun auch nicht mehr dahin. Es ist eine Art von Naturschutz, die nicht den Menschen dazu bringen soll, pfleglich mit der Natur umzugehen, sondern die meint, ihn ganz aus der Natur verbannen zu müssen. Der Zaun ist dabei mehr als ein bloßer Zaun, er ist ein Zeichen: Mensch und Natur sind getrennt und sollen getrennt bleiben. Auf der anderen Seite des Deiches, dort, wo die wenigen Menschen wohnen, fällt der Dollart immer mehr aus deren Bewusstsein heraus. War die Nordsee viele Jahrhunderte bestimmend für das Leben hier, ob durch ihre Flutgefahren, ob durch die Fischerei, so spielt sie im Leben der Menschen mittlerweile fast keine Rolle mehr. Weder braucht man sie, noch fürchtet man ihre Wassermassen.

Das Rheiderland ist heute eine für deutsche Verhältnisse dünn besiedelte Kulturlandschaft. Die industrielle Landwirtschaft und die Massentierhaltung nutzen nahezu alle freien Flächen, sodass sich kaum mehr naturnahe Räume finden lassen und die ehemalige Vielfalt an Pflanzen und Tieren verschwunden ist.

Was geblieben ist, was sich seit Jahrtausenden nicht gewandelt hat, das ist der Himmel. Das Rheiderland ist für mich vor allem eine Landschaft des Himmels. Den Boden unter ihm haben die Menschen immer wieder durch Kultivierung verändert, aber der Himmel ist noch genauso groß und weit wie ehedem.

Manchmal ist er nur grau, manchmal auch tagelang nur grau, häufig aber reißt er auf, zeigt dunkle Regenwolken vor blauer Tiefe, schiebt langsam weiße, von der Sonne beschienene Schönwetterwolken vor sich her oder überlässt es Winden und Stürmen, ein sich rasend schnell veränderndes Bild zu zeichnen. So ist die flache Landschaft darunter die Bühne, über der sich dieser gewaltige Himmel in dauernd sich verändernden Gestaltungen erhebt. Immer wieder türmt er mächtige Wolkengebilde auf, die dem Landstrich Weite und Tiefe, ja fast Unendlichkeit zu geben vermögen.

Mitte der 1990er-Jahre lebten mein Mann und ich mit unseren zwei kleinen Söhnen in Berlin, als ich von einem Haus in dieser Poldergegend erfuhr. Es war ein großes rotes Backsteinhaus aus dem Jahre 1893. Seit zwei Jahren schon stand es leer. Und so, ohne Pflege, war es recht heruntergekommen, die Heizung kaputt, die Dielen morsch. Auch von außen sah man dem Gebäude an, dass es auf eine fast unheimliche Weise ohne Leben war.

Und dann war da noch die Größe des Grundstücks, ein halbes Fußballfeld, dreitausend Quadratmeter Fläche. Wer wollte sich um einen dermaßen großen Garten kümmern? Das bedeute unweigerlich sehr viel Arbeit, so die allgemeine Meinung. Nicht zuletzt deshalb war das Haus schwer verkäuflich gewesen. Dass diese Größe ein Privileg bedeuten könnte, ahnte ich damals noch nicht.

Gegen alle Vernunft, aber mit dem Gefühl, die Entscheidung sei richtig, erwarben wir dieses alte Haus. 1996 sind wir hierhergezogen.

Etwas ratlos stapfte ich damals durch den Garten, der nun also unser Garten war. An der Ostseite stand – und steht noch immer – eine mächtige alte Rotbuche. Wahrscheinlich ist sie wie der Boskop auf der Südseite, nachdem das Haus fertiggestellt worden war, in die Erde gekommen. Auch ein knorriger Pflaumenbaum und eine hochstämmige, weit ausladende Süßkirsche waren wohl nicht viel jünger als ein Jahrhundert. An der Nordseite stand eine Reihe hoher alter Pappeln und Ahorne. Wie eine Ahnenreihe muteten mich diese eindrucksvoll gegenwärtigen Bäume an.

Nach dem Zweiten Weltkrieg waren Flüchtlingsfamilien im Haus untergebracht gewesen. Jede Familie hatte ein Zimmer zugeteilt bekommen. Ein Mann, der als Junge mit seiner Mutter und seiner Tante in einem der Räume gewohnt hatte, stand eines Tages am Straßenrand und meinte, als wir ins Gespräch kamen: »Die Rotbuche und der Apfelbaum und die Pflaume sind immer noch da. Ich kann mich genau erinnern. Das ist noch genauso wie damals.«

Ich ging die Blumenbeete am Südrand des Hauses entlang. Sie waren verwildert. Eine einzige stark verholzte Rose blühte vor sich hin. Ganz licht war der untere Teil der Pflanze geworden. »Das ist eine alte Sorte, also eine, die noch wirklich duftet«, erklärte mir unser damaliger Nachbar. Eine einzelne alte Pfingstrose trug im Frühling schwere rote Blüten. Aber ansonsten war nichts dergleichen zu finden, keine Stauden oder andere mehrjährige Blumen.

Nicht nur das Haus, sondern sogar die Welt des vom Menschen Angepflanzten schien älter als wir.

Und zwischen Haus und Grundstücksrand: Rasen. Nun, so etwas Ähnliches wie Rasen. Es war nicht das, was ein gepflegter Rasen genannt wird. An schattigen Stellen hatte sich Moos ausgebreitet. Und überall Gänseblümchen. Dazu Löwenzahn, Margeriten und Butterblumen. Wir mähten diese Grünfläche alle paar Tage. So wie alle hier alle paar Tage mähten. Meine Vorstellungen von unserem zukünftigen Garten waren nur vage, aber doch irgendwie anders. Wie nun genau, das wusste ich nicht.

Aufs Geratewohl begannen wir zu pflanzen. Zuerst legten wir eine lange Hecke an. Die Büsche, aus denen sie bestand, waren die, die es in der nächsten Gärtnerei zu kaufen gab. Vieles fügte sich dem Zufall. Im Dorf fragte uns jemand, ob wir den Wurzelstock einer Mirabelle, den er, warum auch immer, ausgegraben hatte, haben wollten. Jahre später erklärten mir die Söhne, dass unsere Mirabelle eigentlich eine Kirschpflaume sei. Aber wir belassen es bis heute bei der anfänglichen Benennung. Unser Nachbar hatte ein Walnussbäumchen, das wild hochgekommen war und sich noch umsetzen ließ. Jemand anderes wollte eine kleine Pflaume loswerden. Ein anderer eine Kastanie. Eine alte Frau brachte mir auf dem Fahrrad einige Herbstastern.

Heute weiß ich, wie wahllos wir vorgingen. Uns war nicht gegenwärtig, was unsere Entscheidungen für die Zukunft bedeuteten. Wir dachten nicht daran, verschiedene Obstbäume und Beerenbüsche anzupflanzen, um dann während des Sommers und des Herbstes unterschiedliche Früchte zu unterschiedlichen Zeiten ernten zu können. Wir pflanzten zwar eine Birne, die mit anderen halb vertrockneten Bäumchen vor einem Großmarkt zum Verkauf stand, aber keine Esskastanie, keinen Pfirsich, keine Haselnuss, keine Kornelkirschen, keine Himbeeren. Wir waren uns nicht bewusst, welche Bedeutung unserem Tun für die kommenden Jahre zuwuchs. Wir waren hierfür blind.

Jeder unserer Söhne bekam ein junges Kaninchen. Sie bauten ihnen ein Gehege aus Latten und Draht. Und mit einem Eifer, wie er so nur bei Kindern zu finden ist, übernahmen sie die Fürsorge für diese Tiere.

»Mein Kaninchen heißt Liebe Mira«, entschied unser jüngerer Sohn.

»Aber das ist kein richtiger Name!«, versuchte ich zu erklären. »Liebe gehört nicht dazu. Mira ist genug. So wie dein Freund Johann heißt und nicht Lieber Johann. Mira ist gut, aber Liebe Mira hört sich komisch an.«

»Das ist mir egal. Mein Kaninchen heißt Liebe Mira!«

Und dabei blieb es. Später, wenn das Tier gestorben sein würde, sollte er unter den Büschen ein kleines Grab ausheben und darauf ein Holzkreuz mit der Aufschrift »Liebe Mira« stellen.

Jeden Tag sammelten die Kinder Löwenzahn. Und immer waren sie auf der Suche nach besonders großen Exemplaren. Bald hatten sie herausgefunden, was den Kaninchen sonst noch schmeckte: Sie rupften Giersch, Spitzwegerich und Wiesenkerbel. Im Herbst liefen sie hinüber auf den Acker des Bauern und zogen eine Zuckerrübe aus dem Boden.

Im Winter war Liebe Mira zu einem Kaninchenbock gebracht worden. Im Frühling polsterte sie mit den feinen Haaren ihres Fells ein Nest. Eines Morgens lag ein Wurf nackter Jungtiere darin. Aber dann wurde es in einer der folgenden Nächte noch einmal sehr kalt, eines der Jungen war nicht im Nest geblieben. Tot lag es in der Frühe da. Zum ersten Mal erfuhren unsere Kinder die Willkür der Natur, deren Gleichgültigkeit gegenüber dem einzelnen Lebendigen.

In einem Teil des Gartens legten wir Gemüsebeete an, damit gehörten wir zu den ganz wenigen im Dorf, die noch ihr eigenes Gemüse zogen. Einmal blieb eine Frau stehen und sah mich Bohnen ernten.

»So etwas«, meinte sie, »haben wir nicht mehr nötig. Wenn ich Bohnen will, gehe ich und kaufe welche.«

Die Kinder wurden größer und übernahmen immer mehr Arbeiten im Garten. Den Jüngeren faszinierten vor allem die Bäume. Er buddelte wild aufgeschlagene, zwei- oder dreijährige Bäumchen aus und pflanzte sie an einer anderen, günstigeren Stelle, an der mehr Licht und Platz war, wieder ein. Einmal war er der Meinung, er müsse unbedingt eine Kastanie verpflanzen. Er hatte sie selbst Jahre vorher als kniehohen Schößling an ihre jetzige Stelle gesetzt. Dort war sie sehr schnell gewachsen und mittlerweile mehr als mannshoch. Aber er hatte sich in den Kopf gesetzt, diesem Baum erneut einen anderen Standort zu geben.

»Sie steht jetzt zu sehr im Schatten der Mirabelle«, erklärte er uns. In den Herbstferien begann er, das Wurzelwerk freizulegen. Mit Spaten und Schaufel grub er rundum eine Menge Erde weg. Ein Gärtner, der auf dem Nachbargrundstück zugange war, beobachtete ihn und wollte schließlich wissen, was er da mache.

»Die Kastanie muss hier heraus, die bekommt nicht genug Licht.«

»Aber Junge, so schaffst du das nie, dazu brauchst du einen kleinen Bagger.«

»Nein, ich schaffe das auch so«, sagte er und grub weiter.

Fast eine Woche benötigte er, um die Wurzeln freizulegen. Einen weiteren Tag, um das Loch zu graben, in das die Kastanie nun hineinsollte. Als er fertig war, rief er seinen Vater und bat ihn, ihm dabei zu helfen, den Baum samt Wurzeln auf die Schubkarre zu hieven. Dabei zerbrach der Wurzelstock in zwei Hälften. Nun galt es, zwei Kastanien neu zu pflanzen. Also wurde ein weiteres Loch gegraben. Beide Stücke trieben im Frühling mächtig aus, und beide wuchsen in den nächsten Jahren zu stattlichen Bäumen heran. An der alten Stelle waren noch Wurzelreste im Boden geblieben, genug, um neue Triebe hinauf ans Licht zu schicken.

Zehn Jahre später sind die beiden umgepflanzten Kastanien dann von unserem Sohn in zwei Metern Höhe gekappt worden. Eine kleine Esskastanie und eine chinesische Korkeiche hätten sonst zu sehr in ihrem Schatten gestanden. Die größeren Äste wurden zu Brennholz. An den Schnittstellen trieben die Kastanien erneut aus.

Während seiner Schulzeit behielt unser jüngerer Sohn seine Vorliebe für Bäume für sich. Unter seinen Altersgenossen hätte er sich damit, wie er befürchtete, lächerlich gemacht. Erst ein Zufall, später im Leben spricht man gerne von Schicksal, hat für ihn innerlich den Weg frei gemacht, seine Liebe zu den Bäumen offen zu zeigen und einen Beruf zu wählen, in dem diese Zuneigung wichtig, ja unersetzlich ist.

Er war es dann auch, der sich zusammen mit seinem großen Bruder in den letzten Jahren darum gekümmert hat, unseren Garten umzugestalten. Dies hieß vor allem, meinem Mann und mir langsam, beharrlich und behutsam beizubringen, wie wir unser Tun verändern könnten. Allmählich begann sich in uns ein anderes Verständnis vom Boden, vom Anpflanzen, vom Fortpflanzen, vom Wuchern und vom Licht zu entwickeln.

Einmal, ich ging mit ihm durch unseren Garten, zeigte und erklärte er mir einiges.

»Das Wichtigste ist das Hinschauen. Gehe immer wieder durch den Garten und beobachte nur. Betrachte. Sieh hin. Sieh genau hin. Das ist das Allerwichtigste.« Und er sagte: »Du bist Teil eines Lebendigen Ganzen. Nicht mehr, aber auch nicht weniger.«

Und so habe ich in den letzten Jahren geschaut und getan und sinniert und wieder geschaut und getan und sinniert.

Und so habe ich langsam sehen gelernt.

Die früheren Alten

Wenn ich auf mein Leben zurückblicke, so erscheint es mir manchmal, als hätte ich in den jetzt etwas über sechzig Jahren, die ich mich auf dieser Erde bewege, einen Wandel erlebt, der einen weit größeren Zeitraum umfasst. Ich meine damit nicht nur die zunehmende Dominanz aller auf Strom angewiesenen Geräte und Medien. Es ist eine ungeheure Veränderung aller Lebensbereiche. Sie erstreckt sich vom Intimen, dem unmittelbar auf den Leib Bezogenen, wie etwa dem Toilettengang, bis hin zu der schier unendlichen Fülle an Wissen, welches wir, völlig losgelöst von jedem praktischen Tun, als Information zur Kenntnis nehmen können.

Noch Anfang der 1960er-Jahre, als ich im Rheiderland aufwuchs, waren hier fast alle Menschen arm. Wohlhabend, ja reich waren nur die Großbauern auf ihren riesigen Ländereien, den fruchtbaren Poldern. Sie hießen deshalb auch Polderfürsten. Viele Menschen arbeiteten ihr ganzes Leben lang als Knechte und Mägde bei diesen Großgrundbesitzern. Später wurden sie Landarbeiter genannt, was an ihrer Ausbeutung nichts änderte. Einige kleine Bauern gab es ebenfalls, sie besaßen ein paar Kühe und ein Stück Weideland oder einen kleinen Acker für Getreide und Gemüse. Die ärmsten von ihnen hatten zum Bestellen ihrer Felder und zum Transport ihrer Habseligkeiten kein Pferd, sondern lediglich einen großen Hund. Der wurde vor einen Karren gespannt, um damit etwas von A nach B zu bringen. »Köterburen«, Hundebauern, nannte man sie.

Mit so einem Hundekarren transportierten auch manche Fischersfrauen den Fang ihrer Männer: Stint, Aal, Butt und den sogenannten Granat, kleine Garnelen. War viel Fisch gefangen worden, konnte ein Teil davon in die umliegenden Dörfer und in die nächsten Kleinstädte verkauft werden. Bis zu fünfzig Kilometer wurden hierfür, hin und zurück, zu Fuß zurückgelegt.

Andere Dörfler lebten vom Handwerk. Sie waren Tischler, Zimmerer, Bäcker, Schmied, Schuster, Müller, Maler, Schlachter, Frisör, Schneider oder hatten einen Laden. Es gab einen Zahnarzt, eine Polizeistation mit einem einzigen Polizisten, ein Armenhaus und eine Hebamme. Alle Geburten waren Hausgeburten. Noch wurde keine Frau zur Entbindung ins Krankenhaus gebracht.

In meinen Kinderjahren war die Hebamme schon alt. Sie wusste immer, wie gerade die Tide war, also der Stand von Ebbe oder Flut. »De Kinner komen mit Water«, sagte sie. Die Kinder kommen mit der Flut. Ging das Wasser zurück, so brach die Hebamme, rief man nach ihr, nicht sogleich auf, selbst wenn die Wehen bereits eingesetzt hatten. »Is noch Tied«, sagte sie dann, »dat Water mutt erst komen, dann kummt ok dat Kind.«

Kinder wurden sehr viele geboren. In den Landarbeiterfamilien waren fünf oder sechs Kinder nicht selten. Und so gab es im lang gezogenen Straßendorf auch einige Schulen. In diesen Volksschulen mit nur ein oder zwei Räumen wurden mehrere Jahrgänge gemeinsam unterrichtet. Jedes Dorfkind, gleichgültig wie klug, besuchte bis zur achten Klasse eine dieser Schulen. Und dann war Schluss.

Noch in den 1950er-Jahren legten die Menschen hier die meisten Strecken zu Fuß zurück. Ein Auto stellte die große Ausnahme dar. Auch ein Moped war noch etwas Besonderes. Selbst ein Fahrrad besaßen nicht alle. Meine Großeltern hatten beide eines, und diese Räder wurden sehr gepflegt, denn sie waren teure Anschaffungen gewesen, die lange halten mussten. Einige Landstraßen waren noch aus Steinen gesetzt und deshalb mit dem Rad schwer zu befahren.

Meine Großeltern haben mir oft erzählt, wie meine Urgroßmutter bis ins hohe Alter zu einem reichen Bauern zum Melken gegangen ist. Sie war die schnellste Melkerin weit und breit, weshalb der Großbauer sie auch als alte Frau noch möglichst lange halten wollte. Jeden Tag, sommers wie winters, im Frühling und im Herbst, ging sie um fünf Uhr in der Früh los, lief kilometerweit über die Äcker und überquerte die Schloote, die Entwässerungsgräben, um zum Gehöft zu gelangen. Der Weg querfeldein war kürzer als der über die Straßen. Bei Sturm und Wind, bei Regen, Frost, Hagel oder Schnee, im warmen Frühling wie auch im heißen Sommer ging sie diese Strecke. Denn für das Melken gab es ein bisschen Geld. Nach getaner Arbeit legte sie dieselbe Strecke zurück, um am Nachmittag erneut zum Melken aufzubrechen.

Wann Ebbe und Flut war, wussten in meiner Kindheit alle, die hier an der Küste lebten. Es war von lebensnotwendiger Bedeutung für die Fischer und die Männer, die beim Küstenschutz in der Landgewinnung arbeiteten. Und der Stand der Tide war wichtig für die Einschätzung des Wetters. Sturm mit auflaufendem Wasser, also Hochwasser, war bedrohlicher als Sturm bei ablaufendem Wasser. Ein wolkenverhangener Himmel bedeutete bei Flut viel eher Regen. Bei ablaufendem Wasser zogen die Regenwolken mit dem Wasser weg.

Einige Dörfler hatten einen kleinen Gemischtwarenladen,

in dem es alles zu kaufen gab: Messer, Teetassen, Eimer, Schnüre, Butter, Mehl, es waren die Güter des täglichen Bedarfs.

Fünf Wirtshäuser lagen an der einzigen, etwas größeren Straße nah beieinander. Kamen die Männer von der harten und langen Arbeit zurück, kehrten viele dort ein. Manche betranken sich regelmäßig.

Auch mein Großvater war Landarbeiter, meine Großeltern und meine Urgroßeltern bewohnten gemeinsam eines der kleinen Häuser an der Straße. Hinter dem Haus lag der Garten. In diesem Garten bauten sie Kartoffeln, Bohnen und Kohl zur Selbstversorgung an.

Wenn wir älter werden und dann schließlich alt sind, drängen unweigerlich die Erinnerungen an die Kinderjahre in unser Bewusstsein. Wir blicken zurück auf unser Leben und das, was Schicksal genannt wird, zeichnet sich deutlicher ab. In was für eine Familie wurde man hineingeboren, welche Menschen gab es um einen herum, lernte man die Welt in einer ländlichen Umgebung, in einer Kleinstadt oder in einer Großstadt kennen. Und wie hat sich das alles auf den Lebensweg ausgewirkt, welche Einflüsse gab es noch. Wo scheint das Leben vorgezeichnet, wo waren die Brüche, die Umwege, die Hindernisse, und wie sehen die geglückten und missglückten Phasen im Rückblick aus.

Je mehr ich in den letzten Jahren in unserem Garten gearbeitet habe, desto deutlicher trat mir der Garten meiner Großeltern und was er für sie bedeutete vor Augen. Ihr Garten, das war ein rechteckiges Stück Acker hinter dem Haus. Schwerer schwarzer Kleiboden, der im Herbst mit dem Spaten umgegraben wurde. Ein Schloot, ein Graben, begrenzte das Grundstück zum Acker des Großbauern. Im Herbst wurde das Schilf mit dem Spaten aus dem Schloot gestochen.

An den Seiten rechts und links verliefen schmale Gräben zu den Nachbarn. Nach vorne, zur Straße hin, standen auf einer Art Wiese drei Apfelbäume und ein Pflaumenbaum. Dazu zwei Johannisbeersträucher und ein Stachelbeerstrauch. Das war alles. Es gab keine Hecke, keine Blumenstauden, keine Kräuter außer ein wenig Petersilie. Es war ein karges Grundstück, so wie alle hier. Aber in den 1960er-Jahren war es das, was ich kannte. So war Garten.

Ich wusste damals nicht, dass man dieses Leben später arm nennen würde, seine Umstände waren mir selbstverständlich. Auch meine Großeltern begriffen sich nicht als arm. Sie wussten zwar, dass sie sehr wenig hatten. Aber so lebte fast jeder im Dorf. Es war alles da. Es war voller Leben. Jeder kannte jeden. Diese Welt erschien mir als Kind sehr groß. Später, als ich mehr von ihr verstand, wurde sie mir eng, sehr eng.

Die Polderfürsten wohnten außerhalb des Dorfes auf ihren herrschaftlichen Höfen. Die hatten viel. Alle wussten, alle sahen das. Aber auch dieser Reichtum war eine Selbstverständlichkeit.

Im Herbst wurden die Kartoffeln im Keller eingelagert, die Briketts im nun leeren Schweinestall gestapelt. Denn das ein halbes Jahr lang gemästete Tier war zuvor geschlachtet worden. Alles vom Schwein wurde verarbeitet: das Blut zu Blutwurst, die Vorderpfoten und der Schwanz kochten in den nächsten Tagen in der Erbsensuppe, die Speckseiten, die Hinterpfoten, die beiden Schinken und verschiedene Würste hingen zum Trocknen an der Decke. Das restliche Fleisch wurde gebraten und als künftiges Sonntagessen in Weckgläser eingemacht. Erst im Frühjahr würde wieder ein Ferkel gekauft werden: Bis dahin aber würden die Briketts verbraucht und Platz für das junge Tier vorhanden sein.

Für die Briketts und die Kohlen sparte man das ganze Jahr

über. Beides war sehr teuer im Verhältnis zu dem, was die Menschen an Geld zur Verfügung hatten. Meine Großmutter legte, wenn ein paar Mark übrig waren, diese oben in den Küchenschrank. Und hatte sie schon im Sommer die nötige Summe zusammen, so konnte das Heizmaterial bereits im Juli oder August gekauft werden, denn dann war es etwas billiger. Es verhielt sich genauso wie heute, wer wenig Geld hat, muss für Lebensnotwendiges im Verhältnis mehr ausgeben.

»Tuffels sünd in't Keller, Briketts sünd in't Stall, de Winter kann komen«, sagten meine Großeltern dann. Nach zwei Weltkriegen bedeutete dies keinen Wohlstand, aber zumindest die Abwesenheit von bedrängendem Mangel. Und das alles ist kaum mehr als eine Handvoll Jahrzehnte her. Außer den Erinnerungen ist davon fast nichts geblieben. Aber es ist die Kultur, der ich entstamme und an die ich mich in vielen Einzelheiten erinnere.

Wenn ich an die heutigen Kinder denke, so kann ich mir vorstellen, dass deren Leben in sechs Jahrzehnten von unserem mindestens so weit entfernt sein wird wie das meiner Großeltern von der jetzigen Gegenwart.

Im Sommer gab es drei bis vier Mal in der Woche Bohnen mit Speck. Die Bohnen reiften unterschiedlich schnell, also wurden sie nach und nach geerntet, zum sofortigen Essen oder um sie haltbar zu machen. Ich half immer mit, als Mädchen liebte ich es, mitzutun – das zu tun, was die Frauen taten. Ich war also mit auf dem Acker, um die Bohnen zu pflücken, und half mit, sie anschließend weiterzuverarbeiten.

Zwei bis drei Eimer Bohnen wurden geschnippelt. Dazu kam die »Schnippelmöhlen« auf den Küchentisch, ein einfaches Küchengerät mit einer Handkurbel und einem runden Schneideblatt. Die geschnippelten Bohnen wurden auf dem Küchentisch mit grobem Salz vermischt und anschließend in einen hohen Steinguttopf, den Flintpott, gepresst und so konserviert. Alles geschah mit bloßen Händen, und diese nahmen dabei den Geruch der Bohnen an, rochen nach dem Fruchtwasser, das bei ihrem Zerkleinern ausgetreten war. Einzig frische Bohnen, gerade geerntete und sofort verarbeitete Bohnen, können so riechen. Beschreiben lässt sich dergleichen nicht. Nie wieder habe ich einen ähnlichen Duft gerochen.

Die Schnippelmöhlen meiner Großmutter besitze ich noch heute. Sie zählt zu den ganz wenigen Dingen, die aus jener Welt in meinen Alltag überdauert haben. Wenn wir in unserem heutigen Garten eine reiche Ernte haben, mache ich noch immer zwei Eimer Bohnen auf diese Weise haltbar.

Einen weiteren Teil ihrer Bohnen kochte meine Großmutter in Weckgläser ein, ein anderer wurde getrocknet. Dieses Trocknen ist eine sehr alte Konservierungsmethode, dazu brauchte es weder Flintpott noch Weckgläser noch irgendein Gerät. Eine Nadel und eine dünne Schnur reichten aus. Alle Frauen hatten damals ein solches Bohnenband. Dieses Band aus Baumwolle benutzten sie ausschließlich zum Aufreihen der Bohnen. Eine Länge von anderthalb Metern wurde abgeschnitten, durch eine große Nadel gezogen und an einem Ende zu einer kleinen Schlaufe gebunden. Jede Bohne wurde mit der Nadel durchstochen und das Band durch die Schote gezogen. Bohne reihte sich an Bohne, so lange, bis das Band voll und am anderen Ende ebenfalls eine Schlaufe zu binden war.

An diesen Schlaufen wurden die recht schweren Bänder, ungefähr ein Dutzend, über dem Küchenofen aufgehängt. Da der Ofen jeden Tag angeheizt werden musste, konnten die Bohnen unter der niedrigen Decke schnell trocknen, ohne zu faulen. Sie verloren ihre grüne Farbe und wurden im Laufe der Wochen immer leichter und härter. Sollten sie im Winter gegessen werden, so holte meine Großmutter ein Band von der Decke. Sie streifte die Bohnen herunter und weichte sie über Nacht in einem Emailleeimer mit kaltem Wasser ein, damit sie ihre Härte wieder verloren. Sie kamen anschließend mit etwas Wasser, einem Stück schieren Speck und einem Löffel Schweineschmalz in einen großen Kochtopf. Die Männer aßen zusätzlich ausgebratenen Speck, sogenanntes Speckfett, dazu. Schierer Speck wurde dafür so lange in einer Pfanne gebraten, bis er sich scharf riechend und qualmend zu einer Flüssigkeit aufgelöst hatte und dann zischend und spritzend über die Bohnen gegossen wurde. Auf Plattdeutsch hieß dieses Gericht: updröögt Bohnen mit Speckfett. Ich mochte dieses Essen nicht, es waren so viel fetter Speck und Schweineschmalz darin. Mein Urgroßvater sagte immer zu mir: »Kind, wi wassen fröher Slaven, wi kregen faak kien Geld, de Buur gaff uns van sien fette Speck, he att vööl lever Flees as Speck.«

Einige Bohnenpflanzen blieben bis weit in den Herbst hinein so lange stehen, bis ihre Blätter und die Bohnenhülsen vertrocknet waren. Sie wurden geerntet, indem man den ganzen Bohnenstamm herausriss, die Bohnenschoten entfernte und in einem Eimer sammelte. Anschließend wurden die Bohnen herausgepult. Sie kamen in ein Leinensäckchen, das man auf dem Dachboden, wo auch die Äpfel den Winter über gelagert wurden, an einem Balken aufhängte. So konnten die Mäuse nicht herankommen.

Wollte meine Großmutter im Winter Bohnensuppe kochen, holte sie eine entsprechende Menge aus dem Säckchen und weichte sie über Nacht in Wasser ein. Aber nicht alle Bohnen durften im Winter verbraucht werden, ein Teil verblieb im Leinensäckchen: Sie waren das Saatgut für den Frühling.

Das Klo, ein Plumpsklo, befand sich im Schuppen. Ich kann mich nicht erinnern, dass es auf dem Weg dorthin durch Regen oder Wind oder Schnee sehr kalt gewesen ist. Doch es muss oft kalt gewesen sein. Vielleicht erschien mir dieser Ort allein schon durch seine Enge auf eine eigene Weise warm. Ich kann mich auch nicht an einen abstoßenden Geruch erinnern. Allerdings weiß ich noch, wie dunkel es war. Es gab nur ein kleines Fensterchen. Und dass sich das Holz an den bloßen Oberschenkeln rau und kühl anfühlte, erinnere ich. Linker Hand hing in Stücke gerissenes Zeitungspapier an einem großen Nagel, Klopapier gab es noch nicht. Und die Spinnen sehe ich noch vor mir. Ich ekelte mich nicht vor ihnen. Spinnen gab es überall im Haus, vor allem im Herbst.

Unter dem Bett hatten wir alle einen Pisspott für die Nacht. Morgens hockte ich mich als Erstes auf diesen emaillierten Topf, es plätscherte und roch süßlich. Nach dem Aufstehen nahm meine Großmutter die Pisspötte und entleerte sie draußen im Freien.

Untertags stellten sich die Männer zum Pinkeln an den Rand des Ackers. Das war so üblich, niemand stieß sich daran.

Ganz früh am Morgen heizte meine Großmutter den Küchenofen an. Jeden Tag, im Sommer wie im Winter. Dieses Anschüren oblag in jedem Haus den Frauen. Das Essen und das Teewasser konnten nur auf diesem Ofen, der zugleich Herd war, gekocht werden. Meine Großmutter stand vor meinem Großvater auf und begann Feuer zu machen: Papier hinein, ein wenig Holz darauf und, sobald dieses brannte, noch ein Brikett. Manchmal, wenn ich sie am Ofen hörte, verließ auch ich schon das Bett, aber dann sagte sie immer: »Kind, gah weer in't Bedd, is noch vöölste kold!« Irgendwann fing der Wasserkessel an zu pfeifen, und der Tee konnte aufgebrüht werden.

Im Winter waren morgens alle Fenster mit Eisblumen zugefroren. Hatte der Ofen die Küche ein wenig erwärmt, begannen diese Kunstwerke der Kälte im Nu zu schmelzen. Ich hockte auf dem Sofa und sah zu. Die ersten Wasserperlen bildeten sich an den höchsten und dünnsten Blumen und rannen herab. Schneller und schneller lösten sich die eisigen Gebilde auf, und ich konnte durch das Fenster nach draußen blicken. Schade. Meine Großmutter wischte das Wasser, das sich im Rahmen oder auf der Fensterbank sammelte, immer wieder mit einem Lappen auf. Bevor es am Abend früh ins Bett ging, wickelte sie ein Brikett in Zeitungspapier und legte es in den Ofen, damit am Morgen noch ein wenig Glut vorhanden sein und das Anschüren schneller vonstatten gehen würde.

Meine Güte, wenn ich das alles heute bedenke: So viel Machen, so viel Tun, nur, damit der Tee bereitet werden konnte und es ein wenig warm wurde. Aber das alles verstand sich von selbst. Niemandem kam in den Sinn, dieses Handeln als langwierig zu empfinden.

Das Wasser zum Trinken und Kochen und Waschen war Regenwasser. In jedem Haus gab es eine in die Erde gemauerte und mit einem Holzdeckel versehene Zisterne, eine sogenannte Regenbakke. Dorthin wurde das Wasser von den Dachrinnen geleitet. Obwohl ich es eigentlich nicht allein tun sollte, stemmte ich manchmal die schwere Klappe der Bakke in die Senkrechte, um mich über die Öffnung zu beugen. Kühle Luft stieg hoch, ich spürte sie an der Gesichtshaut. Ich ließ ein langes »Ooooh« oder »Aaah« in die Tiefe fallen. Dunkel hallte es nach.

An einer Querstange hing ein verzinkter Eimer. Er wurde nach unten gelassen, um das Wasser hochzuholen. Der Wasserstand war von oben nicht zu erkennen, dazu war der Schacht zu finster. Aber meine Großmutter nahm wahr, wie weit sie den Eimer hinunterlassen musste, und wusste daher, wie viel Wasser noch vorhanden war.

Hatte sie den Eimer wieder hochgeholt, füllte sie das Wasser in eine grüne Plastikkanne um, weil sie es dann besser in einen Topf oder in den Teekessel gießen konnte. Die Kanne war eines der ganz wenigen Dinge, die aus Kunststoff bestanden. Warum? Vielleicht, weil ihr Plastik beim Hantieren an der gemauerten Zisterne nicht zerbrechen konnte.

Neben der Klappe lag immer ein alter Schöpflöffel bereit, und wenn meine Großmutter im Sommer Durst hatte, hob sie damit das kühle Wasser direkt aus dem Eimer und trank es aus dieser Kelle.

Ich konnte sehen und spüren, wie sie es genoss.

Jeden Tag um halb zwölf setzte sie die Kartoffeln auf. Es gab immer Kartoffeln. Im Eintopf oder in der Suppe oder am Sonntag zum Schweinebraten. Nudeln kochte man hier in der Gegend kaum, Reis schon gar nicht. Meine Großmutter besaß keine Armbanduhr, sie hatte die Zeit im Gefühl. Es wäre ihr nie passiert, dass sie die Kartoffeln zu früh oder zu spät aufgesetzt hätte. Um zwölf läutete die Kirchenglocke, dann aßen wir.

Irgendwann in meinen Kinderjahren wurden die Häuser an das kommunale Trinkwassernetz angeschlossen. Aber meine Großmutter holte zum Kochen und vor allem für den Tee das Wasser weiter aus der Regenbakke. Das andere, das Leitungswasser, war ihr, wie sie sagte, zu hart, damit schmecke der Tee nicht.

Wollte man abwaschen, wurde hierzu das warme Wasser aus dem Teekessel vom Herd genommen. Abgewaschen wurde sogleich nach der Mahlzeit. Es war eng in der Küche. Es wäre unpraktisch gewesen, die benutzten Teller und Tassen erst einmal irgendwo abzustellen. Einzig der Küchentisch wäre infrage gekommen. Aber dort konnte und sollte kein benutztes Geschirr stehen. Also kam nach dem Essen eine Spülschüssel auf den Tisch, kaltes und heißes Wasser hinein, abwaschen, abtrocknen, und alles gleich wieder zurück in den Küchenschrank zu dem wenigen anderen Geschirr.

Das Brot wurde beim Bäcker in einen Bogen dünnes Papier

eingeschlagen. Vom Frühjahr bis in den Herbst hinein gab es Fisch im Dorf zu kaufen. Man ging mit einer Schüssel zum Fischer, in die der Butt, der Aal oder der Granat hineinkamen.

Milch holten wir in einer Henkelkanne bei einem der kleinen Milchbauern, die oft nur vier oder fünf Kühe besaßen. Die Bäuerin hatte die Milch bereits abgefüllt, jede Frau kannte ihre blecherne Milchkanne, obwohl alle gleich aussahen, nur die Dellen waren unterschiedlich. Die Frauen nahmen ihre volle Kanne und stellten eine leere für den nächsten Tag hin. Bezahlt wurde einmal im Monat, indem man die Münzen in die Milchkanne legte.

Zu Hause wurde die Milch in eine Schüssel umgefüllt, sodass sich die Sahne absetzen konnte. Diese Sahne wurde für den Tee gebraucht. Morgens um sechs Uhr gab es Tee, dann wieder um neun Uhr, um drei Uhr den Nachmittagstee und um sechs Uhr Tee zum Abendbrot. Kaffeebohnen waren teuer. Also gab es Kaffee nur zu besonderen Anlässen wie zu einem Geburtstag.

Ab dem Frühjahr wurde die Sahne dicker und die Butter gelb. Denn die Kühe standen nicht mehr im Stall, wo sie den Winter über Heu bekommen hatten, sondern fraßen nun auf der Weide das frische Gras.

»Kohjen sünd weer verdöör, Botter is so mooi geel«, freute sich meine Großmutter dann.

Als sie spät in den Sechzigerjahren einen Kühlschrank bekam, weil ihre Kinder ihr ein bisschen Fortschritt ins Haus bringen wollten, wusste sie wenig damit anzufangen. Sie stellte lediglich die Schüssel mit Milch hinein, denn im Sommer konnte es manchmal geschehen, dass diese sauer wurde.

Ihr Brot, fast immer Schwarzbrot, also Roggenvollkornbrot, das sich lange hält, die Butter und den Käse verwahrte sie weiterhin im Schrank im »Achterhuus«, dem zugigen Raum hinter der Küche, der nicht beheizt werden konnte. Käse gab es lediglich eine Sorte, nämlich Kümmelkäse. Dieser wurde im Laufe der Woche immer weniger. Am Freitag fuhr meine Großmutter mit dem Fahrrad zum nächsten Gemischtwarenhändler und kaufte neuen Käse. Und freitags gab es dazu immer etwas Besonderes: ein weiches Rosinenbrot, das dick mit Butter bestrichen, süß und saftig, zum Tee gegessen wurde.

Die Zimmer hatten alle Holzfußböden, die wurden mit dem Besen gefegt. Später bekam meine Großmutter in der Küche Teppichboden und dazu ihren ersten Staubsauger. Mit dem konnte sie sich nie recht anfreunden. »Huulbessen«, Heulbesen, nannte sie ihn. Aber ein Teppichboden wurde nun mal gesaugt und nicht gefegt, also brauchte es dieses Gerät.

Und Müll? Müll gab es noch nicht.

Die selbst gestrickten Socken ließen sich stopfen, die Schuhe mehrmals zum Schuster bringen, das neue Kleid nähte die Schneiderin. Die Umstände erlaubten kein Wegwerfen. Übrig blieben zwar Papiertüten vom Zucker, vom Mehl, Pappschachteln der Kluntjes, des großen Kandis, die Blätter der Regionalzeitung. Doch das meiste, was an Papier anfiel, wurde zum Anschüren des Küchenofens gebraucht. Küchenabfälle kamen auf den Misthaufen, ebenso der Mist des Schweins. Auch das Plumpsklo wurde alle paar Wochen dorthin entleert. Im Herbst verteilte man alles auf dem Acker. Dies war der einzige Dünger.

Einmal im Jahr grub mein Großvater ein tiefes Loch in den Acker. Dorthinein wanderte das wenige, was nicht mehr zu gebrauchen war: ein zersprungener Teller, eine Tasse und ihr abgeschlagener Henkel, die Scherben eines Glases.

Als die kommunale Müllabfuhr meinen Großeltern später eine Tonne vor die Tür stellte, hatten sie kaum etwas, um es hineinzuschmeißen. Manchmal, wenn Geburtstag gewesen war, lag ein leerer Sahnebecher darin. Oder die Konservendose von einem Fruchtcocktail.

Im Haushalt gab es zum Kochen und Braten nur das allernötigste Geschirr. Eine Pfanne aus Eisen für den Fisch brauchte es in allen Familien, denn jeder Fisch wurde in Öl gebraten. Fische zu kochen war nicht üblich. Dazu kamen ein eiserner Bratentopf, ein großer Topf für die Suppen und Eintöpfe, ein kleiner für die Salzkartoffeln und der Kupferkessel zum Erhitzen des Wassers, der »Koperketel«, der immer auf dem Küchenherd stand und wie die Eisenpfanne in der Regel schon recht alt war. Vor allem der Kupferkessel ging oft nach dem Tod der Mutter auf die Tochter über.

Manchmal bekam ein Topf ein Loch, hatte nur noch einen sehr dünnen Boden, oder der Handgriff war locker. Dann musste bis zum Frühjahr gewartet werden, denn erst im Frühling reisten die Kesselflicker und Scherenschleifer an. Hielt das fahrende Volk Einzug, stand ich im Nu mit den anderen Kindern an der Straße. Große alte Autos zogen die Wohnwagen. Männer mit Schnurrbärten lenkten sie auf den Platz, wo sie sich jedes Jahr für eine Woche niederließen.

Kinder und Frauen verließen die Wagen. Wie anders diese Frauen aussahen! Fremde sahen wir ja fast nie. Diese bunten Gewänder. Diese schwarzen Haare. Diese dunkle Hautfarbe. Und vor allem die großen goldenen Ohrgehänge, die langen Halsketten und die schweren Armreife. Das waren so ganz andere Frauen als die hier im Dorf. Die Frauen im Dorf trugen ganz selten Schmuck, trugen selten bunte Kleider.

Während dieser Tage gingen die fremden Frauen von Haustür zu Haustür und boten ihre Waren an, Holzlöffel, Nähnadeln, Garn, Taschentücher, Kleinigkeiten, die sie in ihren Taschen tragen konnten. Ihre Männer saßen vor den Wohnwagen und erwarteten die Dörfler, die ihnen einen Topf zum Flicken brachten oder Messer und Scheren zum Schleifen.

Wenn ich bei meinen Großeltern übernachtete, was ich als Kind oft tat, schlief ich, nachdem meine Urgroßeltern verstorben waren, in deren Bett. Es hatte drei Matratzen, alle in der Mitte so tief durchgelegen, dass ich immer in eine Kuhle rutschte. Dort mussten meine Urgroßeltern eng beieinander geschlafen und sich gegenseitig gewärmt haben. Selbstverständlich gab es im Schlafzimmer keinen Ofen. Und die breiten Doppelbetten sollten erst mit einem gewissen Wohlstand aufkommen. Über mir türmte sich ein großes Federbett.

Selten fuhr noch ein Auto über die Straße. Das Scheinwerferlicht zog dann an der Wand entlang. Ich konnte sehen, aus welcher Richtung das Auto kam und wie schnell es fuhr. Das war aufregend.

Einmal im Jahr nahm meine Großmutter den Bus in die Stadt. Dann wollte sie etwas Besonderes und ging ins dortige Kaufhaus, wo die Auswahl an Waren größer war.

Ein Fernseher wurde bis zuletzt nicht angeschafft. »Düvelskrom« nannte meine Großmutter dieses Gerät. Sie hasste, wie sich die Bilder im Kasten bewegten. Für das, was sie wissen wollte, gab es die tägliche Regionalzeitung, und um sieben Uhr wurde jeden Abend das Radio für die Nachrichten eingeschaltet.

Alle Frauen trugen Kleider oder Röcke und darüber eine Kittelschürze. Das war keine Schürze zum Umbinden, sondern ein ärmelloses Kleid, das als Letztes übergezogen wurde. Für die Frauen war es wichtig, ab und zu eine neue Kittelschürze zu bekommen, und je älter die Frauen wurden, desto unauffälliger und dunkler wurden ihre Schürzen. Sie wussten, welche Farben sich für welches Alter schickten. Kittelschürzen waren praktisch. Sie hatten große Taschen, in die schnell etwas hineingestopft und aus denen es ebenso umstandslos wieder herausgezogen werden konnte. Bei meiner Großmutter befand sich darin immer auch ein großes weißes

Taschentuch. Manchmal putzte sie mir damit die Nase. Die tägliche Haus- und Gartenarbeit machte nur die Schürze schmutzig, das darunter Getragene blieb sauber. So brauchte nur die Schürze gewaschen zu werden. Abends, am Feierabend, legten viele Frauen ihre Kittelschürze ab. Ging es auf Besuch oder ruhte am Sonntagnachmittag die Arbeit, wurde sie nicht getragen.

Im Schuppen stand der Waschkessel, ein großer runder Ofen mit einem fest aufsitzenden Kupferbottich, in dem montags die Wäsche gekocht wurde und der im Herbst zum Einkochen in Weckgläser diente. Wäsche war in der Regel Kochwäsche und das Waschen eine aufwendige Prozedur, der Waschtag ein Tag schwerer Arbeit für die Frauen. Nie aber habe ich eine darüber klagen hören. »Wat te doon is, moot daan worden!«

Als Erstes wurde früh am Morgen Eimer für Eimer Wasser herangeschleppt und über den Rand des Kessels gekippt. Als Nächstes musste das Wasser erhitzt werden. Dazu wurde mit Holz und Kohle unter dem Kessel ein Feuer gemacht. Nur langsam, ganz langsam erwärmte sich das Wasser. Waschpulver kam hinein, dann die Kochwäsche. Irgendwann begann es zu brodeln, Dampf stieg hoch und mit ihm der seifige Geruch des Waschmittels. Ich liebte diesen Geruch. Da der Kessel im Schuppen stand, konnte der Wasserdampf durch die offene Tür nach draußen entweichen. Dann sah ich, wie die Dampfschwaden sich im Nu verflüchtigten. Mit einem langen Holzlöffel, der bis auf den Grund des Kessels reichte, musste die Wäsche nun immer wieder umgerührt, nach unten gedrückt und erneut umgerührt werden. Zuletzt kam der schwerste Teil der Arbeit: Nach und nach holten die Frauen die Bettlaken, die langen Unterhosen, Hemden und Handtücher heraus, legten sie in eine verzinkte Wanne und spülten sie so oft mit kaltem Wasser, bis alle Waschmittelreste entfernt waren, um schließlich die Wäschestücke wieder und wieder auszuwringen, bevor sie draußen auf die Leine kamen.

Da verstand es sich von selbst, dass die Kleidung nicht oft gewechselt werden konnte. Am Samstag gab es saubere Unterwäsche. Und die wurde bis zum nächsten Samstag getragen. Davon abgesehen besaß man auch nicht viele Kleidungsstücke. Der Zwang zum ständigen Wäschewaschen entstand erst später, mit den Waschmaschinen und den immer größeren Mengen an Bekleidung.

Meine Großmutter trug stets beige Strümpfe, im Frühling und Sommer dünne, im Herbst und im Winter dickere. Ich kann mich nicht erinnern, als Kind gefroren zu haben. Aber wenn ich mir überlege, wie kalt es überall im Haus war, so muss ich sagen: Die Menschen waren abgehärtet gegen Kälte, sie konnten viel mehr aushalten als wir heute.

Elektrisches Licht war noch etwas Besonderes. In der Küche hing eine einzige Lampe, nämlich über dem Küchentisch. Im Flur und im Schlafzimmer gab es ebenfalls nur eine Deckenlampe. Auch im Herbst und im Winter wurde darauf geachtet, möglichst bloß die eine Glühbirne in der Küche brennen zu lassen. Strom war teuer. Selbst wenn es früh dunkel wurde, wollte meine Großmutter das Licht erst möglichst spät anschalten, aber nicht nur, um zu sparen. »Anners word Avend so lang.« Denn solange wir im Dämmer saßen, konnten wir durch das Fenster hinausblicken. Vielleicht ging noch jemand vorbei. Oder es fuhr noch jemand auf dem Fahrrad. Oder vielleicht kam sogar noch jemand zu Besuch.

Das alles konnte man sofort erkennen, wenn die eine Glühbirne noch nicht brannte. War sie erst einmal hell, war das Draußen wirklich draußen. Dann saßen wir drinnen, im Engen und Kleinen, in der engen kleinen Welt der Küche. Das Rollo wurde heruntergelassen und der Abend mit Stricken, mit Singen und dem Erzählen der immer gleichen Geschichten verbracht, Geschichten, die ich immer wieder hören wollte. Gelesen wurde nicht. Bücher gab es nicht. Der Geist erhielt wenig Anregung. Oft saßen die Erwachsenen einfach nur da, erschöpft von der körperlichen Arbeit.

Es war ihr tagtägliches notwendiges Tun, das die Menschen beschäftigte. Bei aller Armut, trotz aller Härten und Entbehrungen war es auch dieses Tun, was sie auf eine gewisse Weise bei sich sein ließ. Die zu verrichtenden Tätigkeiten gründeten in den Erfordernissen des alltäglichen Daseins und wurden bejaht.

Die Wahrnehmung von Zeit unterschied sich erheblich von der heutigen. Wenn meine Großmutter in die Küche kam und die Uhr, die sonst laut tickte, war stehen geblieben, rief sie: »Oh, Uhr steiht, is so dood hier, erst moot ik Uhr weer uptrecken!« Und sie schob sich einen Stuhl an den Schrank, stieg hoch, nahm den Schlüssel, der hinter der Uhr lag, und zog sie wieder auf.

»So, nu is de weer Leven!«

Es war das Ticken der Uhr, das gefehlt hatte. Und es waren die beiden Zeiger, die stehen geblieben waren. Die Zeit hatte keinen Verlauf mehr. Die Zeit stand still. Die Zeit war stehen geblieben. Das war der Tod.

Gehe ich heute, Jahrzehnte später, durch unseren Garten und erinnere mich dabei an meine Kindheit, so weiß ich, dass der damalige Garten weit entfernt war von dem, was für unsere Söhne ein Lebendiges Ganzes ist.

Die vielen seelenlosen Gärten unserer Gegenwart sind nicht erst in den letzten Jahren entstanden. Sie haben ihre Vorgeschichte. Für meine Großeltern waren der Garten und das Anbauen von Nutzpflanzen notwendig, um zu überleben. Dafür gab es den Acker. Und nur dafür. Es bedeutete harte

körperliche Arbeit, den schweren Boden im Herbst umzu-
graben, den harten, trockenen Boden im Sommer zu hacken,
die Früchte zu ernten und zu verarbeiten. Das Verhältnis
zum Acker war oft auch ein Kampf mit ihm. Man mühte sich
ab. Man war am »Knojen«, am Schuften. Für alles andere
»fehlt de Oog«, fehlte der Blick.

Noch im hohen Alter ist meine Großmutter, gekrümmt über
den Handstock, morgens in aller Frühe zum Acker gehum-
pelt. Dort tauschte sie den Gehstock gegen die Hacke. Obwohl schon lange nichts mehr angebaut wurde, mein Großvater war gestorben, sie war eine Greisin, hackte sie das
Unkraut aus dem nackten Boden, immer und immer wieder.
Der Acker lag schwarz da. Unbepflanzt. Aber sauber sollte er
sein. Also hackte sie. Den ganzen Sommer über.

Ich habe mich als Kind oft darüber gewundert, dass meine
Großmutter keine Blumen hatte, weder Stauden noch Tulpen
noch etwas anderes. Der Garten sollte übersichtlich und or-
dentlich sein. Nirgends ein wildes Eck. Keine Hecke für Vögel. Kein Busch. Keine Kräuter, bis auf ein Eckchen Petersilie,
»Gröönt« genannt.

Es hatte etwas von einer Selbstkasteiung. Meine Großmutter wusste gar nicht, wie es ist, Blumen zur Zierde zu haben,
einfach nur die Schönheit von Pflanzen zu genießen, die
ohne unmittelbaren Nutzen sind. Es war, als hätten Armut
und Kargheit sich in die Menschen eingegraben. Als dürfe
man gar kein anderes Verhältnis zu Pflanzen pflegen. Niemand verbot es ihnen. Sie hätten Hecken pflanzen, hätten
abends durch einen reicheren Garten gehen können. Mehr
Bäume, jung und alt, wären möglich gewesen. Aber sie gingen nicht einfach so durch ihren Garten. Sie hatten am Tag in
ihm gearbeitet. Ihr Verhältnis zu ihm war das des Schuftens.
Eine andere Beziehung zum Garten kannten sie nicht. Sie

war ihnen nicht vorgelebt worden. Und womöglich hätten sie nichts anderes gewollt. Womöglich auch nicht vermocht. Womöglich waren ihre Seelen dafür zu verhärtet.

In den 1950er-Jahren begann die Industrialisierung der Landwirtschaft. Die Großbauern ersetzten die Arbeitskraft der Landarbeiter durch Maschinen. Unkrautvernichtungsmittel und künstlicher Dünger hielten auch Einzug in die privaten Gärten. Die eigenen kleinen Äcker wurden aufgegeben. Keiner brauchte noch etwas für die Ernährung seiner Familie anzubauen. Der Acker verwandelte sich in Rasen. Dort Sauberkeit und Ordnung herzustellen, schien einfach. Unkraut ließ sich jetzt totspritzen. So gaben einem die Gärten immer weniger zu tun.

Nichts mehr tun

U nser Haus und das Grundstück, auf dem es steht, bildeten einst ein eigenes stattliches Anwesen. Vor hundertdreißig Jahren hatte ein wohlhabender Bauer das Gebäude
als sein Altenteil errichten lassen.

Zu vielen großen Höfen hier im Rheiderland gehörten und
gehören parkähnliche Gärten. Sie präsentieren wenige große,
alte Bäume und ausgewählte Ziersträucher. Manchmal gibt
es einen kleinen, künstlich angelegten See. Der Blick sollte
und soll frei bleiben auf die herrschaftliche Anlage, vor allem
auf das Haus, das mehrstöckige Gebäude mit seinen hohen
Fenstern. Ein Park zeigte und zeigt den Reichtum. Man besaß
Land im Überfluss, so viel, dass man damit prunken konnte,
dieses Stück Land nicht als Ackerland nutzen zu müssen, in
Abgrenzung zur einfachen Bevölkerung, zu deren alltägli-
chem Leben, zur niederen Kultur.

Im Vergleich hierzu ist unser Grundstück klein, aber die An-
lehnung an die frühere Gartenästhetik war noch zu erkennen. Deren Gestus konnten und wollten wir nicht wiederher-
stellen.

Offensichtlich war: Wir würden am Haus in den kommenden Jahren einiges machen lassen müssen. Das Dach war
marode, einige Fensterstöcke waren morsch, die Fugen des

Mauerwerks kaum noch gefüllt. Im Garten begannen wir Bäumchen, Büsche und Blumenstauden anzupflanzen sowie Gemüsebeete anzulegen.

Und dann gab es da noch den Rasen, den bei Weitem größten Teil des Grundstücks. Es war kein englischer Rasen, in dem ausschließlich bestimmte Gräser wuchsen. Da gedieh auch allerlei Unkraut. Aber das störte uns nicht. Es lag uns fern, einen perfekten Rasen anzustreben. Wir nahmen ihn, wie wir ihn vorfanden, und mähten ihn einfach, wie jeder hier in der Gegend seine Grünflächen mähte.

Alle paar Tage schoben wir einen knatternden Benzinrasenmäher über die große Fläche. Unmittelbar danach sah das Ergebnis gut aus, fanden wir. Weit und grün und regelmäßig. Aber schon nach wenigen Tagen waren die Grashalme wieder unregelmäßig nachgewachsen. Nach einer knappen Woche hatten sich die Stängel des Löwenzahns und der Gänseblümchen so weit Richtung Licht geschoben, dass ihre Blüten sich öffnen konnten. Allerlei Unkraut wurde sichtbar, das Bild des weiten grünen Rasens verschwand. Und da wir dies als unschön empfanden, mähten wir wieder alles ab, die Grashalme, die Gänseblümchen, den Löwenzahn, den Spitzwegerich und andere Pflanzen, die uns bislang, einfach weil sie nicht schnell hochkamen, gar nicht weiter aufgefallen waren. Allein die Vorstellung einer gleichmäßig grünen Fläche zwang uns zu stundenlangem Mähen, einem Tun, welches wir, wären wir ehrlich zu uns selbst gewesen, als eine recht fragwürdige Tortur hätten empfinden müssen.

Hat man einen Rasen, muss er gemäht werden. So lautet das unausgesprochene Gesetz. Es gilt für alle. Wer sich nicht daran hält, pflegt sein Grundstück nicht, sondern lässt es verkommen. Dann sieht es wild aus und lässt entsprechende Rückschlüsse auf die Bewohner des Hauses zu. Das wussten wir. Auch deshalb mähten wir. Die Erwartungen unserer Nachbarschaft deckten sich mit unseren eigenen Vorstellungen. Wir stellten die Maßstäbe unserer Anschauung und unseres Urteilens nicht infrage.

Gerade der Rasen ist in der heutigen Gartenkultur auf eine besondere Weise zum Objekt permanenter Gestaltung, ja Zurichtung geworden. Er eignet sich hervorragend dafür, auf einem überschaubaren Terrain Ordnung und Sauberkeit zu inszenieren. Er scheint übersichtlich und leicht zu beherrschen. Eine Fülle von Tipps, Mitteln und Geräten ist uns dabei behilflich. Auf einer begrenzten Fläche scheint es möglich, alles zu bestimmen und zu machen. Sie kann unter Kontrolle gebracht und dann auch unter Kontrolle gehalten werden.

Grünflächen alle paar Tage zu mähen, kam in Privatgärten erst in den 1960er-Jahren auf. Hierfür gab es zunächst nur mechanische Handrasenmäher, die man mit nicht geringem Kraftaufwand schieben musste. Es folgten die Benzinmäher, mit denen alles leichter und schneller ging. Der Preis, den man hierfür gerne zahlte, waren der Lärm, der nun ausgehalten, und die Abgase, die eingeatmet werden mussten. Der nächste Schritt dieser Art von Motorisierung waren die großen Aufsitzmäher, auf denen der Fahrer, fast immer sind es Männer, hoch sitzend über den Rasen tuckert. Der Abstand zu dem, was da bearbeitet wird, nämlich zum Gras, ist der bislang größte. Das Gerät, das verwendet wird, das schwerste. Dabei ist es nicht nur das erhöhte Sitzen, das Distanz stiftet, sondern vor allem auch das Fehlen des Widerstandes, den man früher spürte.

Wer eine Sense in die Hand nimmt und probeweise ein kleines Stück Wiese damit mäht, wird auf unterschiedliche Weise merken, wie weit die Erfahrungen auseinanderliegen. Das Werkzeug Sense geht eine besondere Verbindung mit dem menschlichen Körper ein. Je nachdem, was gemäht wird, ob nun eine Wiese oder wie früher Getreide, aber auch Hanf oder Flachs, sind mehr oder weniger Schwung und Armkraft vonnöten. Hinzu kommt die besondere Schärfe der Sense. Die Landarbeiter mussten das Sensenblatt jeden Abend mit einem kleinen Hammer dengeln, so der Ausdruck für das Schärfen der Schneide.

Ich sehe meinen Großvater noch abends hinter dem Haus sitzen und höre das Geräusch des Dengelns, eines regelmäßigen Hämmerns, dessen Schläge einen metallisch hohen Klang erzeugten. Denn für den nächsten Tag brauchte er wieder ein sehr scharfes Blatt. Mähte mein Großvater damit die Wiese, so war dies eine vergleichsweise einfache Arbeit, da es dort kaum harte, dicke, hohe Pflanzenstängel zu kappen galt. Weizen oder gar Hanf zu mähen, erforderte deutlich mehr Kraft.

Dabei sah das Sensen stets elegant und leicht aus. Im immer gleichen Rhythmus zogen die Männer das Sensenblatt durch das zu Schneidende, dazu kamen die leicht gebeugte Körperhaltung und die Bewegung der Arme, die mit jedem Schwung nach rechts ausholten.

Inzwischen ist die Ära der Mähroboter angebrochen. Diese Maschinen setzen einen ebenen, von Gegenständen freien und kontinuierlich kurz gehaltenen Rasen voraus. Dies gilt im Prinzip auch für gewöhnliche Rasenmäher. Aber die Anwesenheit des Gartenbesitzers ist nicht mehr erforderlich. Der Roboter entscheidet selbstständig, wann er in Aktion tritt und für wie lange. Die möglichen Probleme liegen in der Technik, im Zusammenspiel der Sensoren und Programme. Dass ein belebter Grund, dass Pflanzen und kleine Tiere die Basis des Geschehens bilden, gerät aus dem Blick des Roboternutzers. Sein Augenmerk liegt nur noch auf der Funktionalität des eingesetzten Geräts und der Ersparnis von Zeit und Arbeit.

Das Gras wird also, wie auch immer, regelmäßig gemäht, die Kanten des Rasens werden separat beschnitten, und die ganze Fläche soll möglichst einheitlich grün aussehen. Keine krautigen Stellen, keine vertrockneten Flecken. Nun verlangt aber ein gleichmäßiger, saftig grüner Bewuchs kontinuierlich Wasser. In Sommern mit hohen Temperaturen regnet es hierfür mittlerweile in vielen Gegenden Deutschlands zu selten. Also muss künstlicher Regen den natürlichen ersetzen. Es wird gesprengt. Oder man verlegt Schläuche, durch deren Poren das Wasser dosiert sickert. Sensoren messen den Feuchtigkeitsgehalt des Bodens und lösen bei Bedarf die künstliche Bewässerung aus. Alles kann digital geschehen, der Gartenbesitzer muss sich nicht mehr darum kümmern, muss nichts entscheiden und sich nicht mehr auf seine Anschauung verlassen. Ein Programm regelt den Ablauf.

Dabei gibt es ohnehin weniger zu tun als früher, denn der Garten wird bei den meisten Neubauten immer kleiner, die bebaute Fläche immer größer. Das heutige Siedlungshaus ist in der Regel nur noch von Grünstreifen umgeben, schmalen Rasenflächen mit einigen Ziersträuchern oder Bäumchen. Drumherum meist ein Zaun. Als ob die Bewohner sich immer mehr in ihre Gehäuse zurückziehen würden.

Im Herbst wird das wenige Laub, das anfällt, frühzeitig weggeharkt, lieber noch weggeblasen, da sich die Vorstellung hält, die verrottenden Blätter würden dem Rasen schaden, sie könnten zum Absterben oder Braunwerden des Grases führen. Und so landet wertvoller Mulch in Plastiksäcken, die zur Abfuhr an die Straße gestellt werden.

Mit der Überzeugung, dass der Rasen kurz und sattgrün zu sein habe, verbindet sich die Vorstellung, es dürften darin außer den wenigen gängigen Grassorten auch keine anderen Pflanzen wachsen.

Ein Mann erzählte mir einmal, dass er die Grünstreifen

rund ums Eigenheim konsequent alle vier Tage mähe. Danach mache sich seine Frau auf die Suche nach Unkraut. Er käme gar nicht auf die Idee, nach diesen Pflanzen zu suchen, aber sie finde, auf den Knien rutschend, noch den kleinsten unerwünschten Fremdling und rupfe ihn aus.

Die Gartenbauindustrie und der einschlägige Handel lenken unseren Blick, formen unsere Bedürfnisse, behaupten Probleme und bieten Lösungen über Lösungen. Diese werden immer raffinierter und teurer. So können wir das Unkraut für eine kurze Spanne tilgen, indem wir den Rasen vertikutieren. Das heißt: Wir reißen mit einer Messerwalze bei trockenem Wetter die Grasnarbe auf und entfernen dabei verfilzten Grasschnitt, Moose und wilde Blumen. Vorher sollte der Rasen allerdings gedüngt werden, denn das Vertikutieren bedeutet enormen Stress für die Gräser. Ihre Wurzeln werden durchschnitten und brauchen viele Nährstoffe, um sich wieder zu erholen. Also wird mineralischer Dünger eingebracht, damit der geschwächte Rasen nicht vollends kollabiert. Und lässt sich nicht restlos alles Moos mechanisch entfernen, gibt es ein entsprechendes Gift. Das Moos geht ein, eine kahle Stelle entsteht. Dort kann dann Gras nachgesät werden.

Rasendünger enthält oft von vorneherein Unkrautvernichter. Man wirbt damit, dass – hier eine Auswahl – Ackersenf, Fingerkraut, Ehrenpreis, Gänseblümchen, Wiesenschaumkraut, Gundermann, Kratzdistel, Hahnenfuß, Löwenzahn, Schafgarbe, Wicken, Wilde Möhre und Klee das Gift sowohl über ihre Blätter als auch über das Wurzelwerk aufnehmen und dadurch absterben.

Eine andere Möglichkeit besteht darin, den Wildpflanzen sehr viel Kunstdünger in sehr kurzer Zeit zu geben, damit sie sich totwachsen: Die Pflanzen werden zu stark gesteigertem Wachstum angeregt, bis sie aufgrund ihrer überdimensionierten Größe wegen Unterversorgung absterben. Und diese Tortur muss spätestens nach acht Wochen wiederholt werden, damit nicht doch noch etwas nachsprießt. Es ist wie eine Art von Mästen. Die Pflanzen sollen sich überfressen, um dann einzugehen.

Wahrscheinlich wird ein solcher Rasen den Ansprüchen seiner Besitzer nie ganz entsprechen. Aber womöglich wird die Grünfläche ihnen zumindest einen Sommer lang Genugtuung verschaffen in ihrem Bedürfnis nach Gleichförmigkeit, Ordnung und Sauberkeit. Bis im nächsten Frühjahr dem Zwang zur Perfektionierung aufs Neue nachgegeben werden muss.

Ein spezielles Unheil jedoch kann sich jederzeit ereignen. Wir blicken am Morgen ins Freie und sehen die Katastrophe: Drei Maulwurfshügel sind aufgeworfen worden. Drei große schwarze Maulwurfshügel erheben sich mitten auf dem Rasen.

Wir haben mit diesen Gärten ein System geschaffen, das uns nicht miternähren soll oder kann, sondern Entfremdung schafft. Gartenarbeit ist zur Fron geworden, das ständige Rasenmähen eine Tätigkeit, die immer weniger Menschen machen wollen: Was daraus folgt, sind Gärten, in denen es nichts mehr zu erledigen gibt. Ein Rasen bringt keinen Nutzen, wir erfahren dadurch keine Natur, sondern nur lästige Arbeit. Wir leben in einer Zeit des sinnlosen Tuns.

Einmal, als wir ein Fenster erneuern mussten, fragte ich eine Freundin in der Nachbarschaft, welche Art von Fliegengitter sie hätten.

»Ein Fliegengitter brauchen wir nicht, wir können die Fenster den ganzen Tag über geöffnet lassen«, war ihre Antwort.

»Aber wenn ihr abends Licht anmacht?«, wollte ich wissen.

»Auch das ist kein Problem. Bei uns fliegen keine Mücken herein.«

Ich war verblüfft. Zwar liegt ihr Haus inmitten von industriell bewirtschafteten Äckern, aber dass es dort so gut wie keine umherfliegenden Insekten mehr gibt, hatte ich trotzdem nicht erwartet.

Ihr Grundstück ist schön anzusehen, mit niedrig wachsenden Bäumen, mit Büschen und Blumen, verschiedenen Gelegenheiten sich hinzusetzen, mit vielen Dingen, die sie auf Trödel- und Flohmärkten gekauft hat und die sie nun Wind und Wetter überlässt. Da rostet ein geschmiedetes Gitter vor sich hin, in einen alten Schweinetrog sind Primeln gepflanzt, ein aus Holz geschnitztes Huhn steht neben einem Anker, Flechten überziehen ein Mauerstückchen, ein alter Vogelbauer hängt im Baum. Alles hat einen eigentümlichen Retrocharme, zeugt von der Sehnsucht nach einem Früher, wie sie auch in bestimmten Zeitschriften gepflegt wird.

Diese Art der Gartengestaltung verlagert den seelischen Innenraum nach draußen. Und geht man durch solch einen Garten, so sieht man zuerst die Dinge. Man sieht also zuerst den alten Vogelbauer im Baum hängen und nicht den Baum. Unser Blick ist darauf geeicht, zunächst die künstlich erzeugten Gegenstände wahrzunehmen.

Und wir können immer mehr kaufen, um den Garten mit ähnlichen Artefakten zu verschönern, sei es eine Buddhastatue oder ein pseudoantikes Säulchen. Die Gartenbauindustrie kreiert auch hier immer neue Beispiele für das, was schön sein soll, sie schafft Bedürfnisse, die sie ihre Waren verkaufen lassen. Die Pflanzen, auch der Rasen, bilden dabei den grünen Hintergrund für das Arrangement ebendieser Dinge.

Meine Großeltern hatten ebenfalls ein kleines Stück Grün, eine Art Rasen. Das war der Teil des Grundstücks, der zur Straße hin lag. Dort wuchsen ein paar Obstbäume und Johannisbeersträucher. Nie stand dort ein Gartenstuhl oder gar ein Gartentisch. Wie überhaupt in keinem Garten der kleinen Leute damals. Dort Muße zu suchen, kannten die Menschen nicht. Sie waren bei Sonne und Wind draußen am Arbeiten und froh, nach der Hitze des Tages drinnen im Kühlen sitzen zu können. Ich sehe meinen Großvater noch vor mir, wie er während der Heuernte, damals noch eine Tätigkeit, für die viele Landarbeiter gebraucht wurden, nach einem Zehnstundentag schwerer körperlicher Arbeit in der Sommerhitze am Abend nach Hause kam. Sein erstes Bedürfnis war, sich mit ein wenig kaltem Wasser zu waschen.

Damals wurde der größte Teil des Bodens hinter dem Haus zum Gemüseanbau genutzt. Den Rasen vorne brauchte es vor allem zum Bleichen der Wäsche. Im Sommer breiteten die Frauen dort die frisch gewaschene Bettwäsche aus. Es gab nur ungefärbte Laken und Bezüge aus Leinen oder sehr fester, fast unverwüstlicher Baumwolle, damals noch aus hiesigen Baumwollspinnereien. Während des Trocknens nahm das Sonnenlicht den Grauschleier von den Laken, sodass das Bettzeug wieder weiß wurde. Deswegen hieß der Rasen »Bleek«, das ist der plattdeutsche Ausdruck für Bleiche. Im Frühjahr und im Herbst wurde diese Bleek mit der Sense gemäht. Das war alles.

Mein Mann war jedenfalls froh, den Rasenmäher im Oktober nach dem letzten Schnitt für den Winter in den hintersten Winkel des Schuppens schieben zu dürfen. Ungezählte Stunden hatte er in den zurückliegenden Monaten darauf verwandt, den Rasen zu mähen. Dies war zunehmend zu einem Zwang, im Lauf der Jahre sogar zu einer Bürde geworden. Aber das machten wir uns noch immer nicht recht bewusst. Das nahmen wir weiterhin nicht richtig wahr.

Irgendwann sah einer unserer mittlerweile ausgezogenen

Söhne seinen Vater mit mürrischem Gesicht den Mäher durch den Garten schieben.

»Überlegt doch mal, diese Arbeit sein zu lassen. Sie ergibt keinen Sinn. Lasst das Gras wachsen. Ihr verschwendet viel Energie für etwas, ohne Energie zu schaffen.«

»Wie meinst du das?«

»Es ist doch zu sehen, wie mühsam das Rasenmähen ist. Es kostet euch so viel Kraft. Und es entsteht nichts Gutes dabei. Im Gegenteil: Die Insekten finden zu wenig Nahrung. Die Vögel haben kaum zu fressen. Lasst das Gras wachsen! Der ganze Lebensraum würde sich ändern.«

»Aber dann sieht alles so unordentlich aus. Und bei Regen und Wind werden die langen Halme bald platt liegen.«

»Ihr könntet Wege mähen. Ihr mäht ein paar schmale Wege durch die Wiese. Alles andere lasst ihr wachsen. Ihr könntet mit einem kleinen Stück anfangen. Es wäre wirklich gut für den Boden. Überlegt es euch.«

Ich wusste damals schon länger, dass es für das Leben im Boden, für die Pilze in ihm, für die Regenwürmer, für die Insekten und andere Gliederfüßer besser wäre, nicht mehr zu mähen. Unsere Art von Rasen nährte nicht. Er war arm, und ich war die Ursache seiner Verarmung. Dennoch blieb mein Wissen folgenlos. Ich steckte in wissender Ignoranz fest. Aber sie begann sich zu lockern.

Es war ein heißer Sommer gewesen. Es hatte vier Monate nicht geregnet. Der Rasen lag ausgedörrt vor mir. An vielen Stellen war die schwere Erde zu Spalten aufgebrochen. Ich holte mir ein Stöckchen und steckte es hinein. Mindestens zwanzig Zentimeter ging es nach unten. Bestimmt lag der Grundwasserspiegel niedrig wie selten. Die Gräben um unser Grundstück waren längst ausgetrocknet.

Ich blickte auf das gelbe Gras. Für die restlichen Wochen

des Nachsommers würde es ohne kräftigen Regen ohnehin nichts mehr zu mähen geben.

»Wenn ihr in Zukunft nicht mehr mäht, wird so etwas nicht mehr geschehen«, hatten unsere Söhne gesagt. »Lasst ihr alles wachsen, bleibt viel mehr Feuchtigkeit im Boden, weil er dann besser vor Hitze geschützt ist. Und alles in ihm wird dadurch ebenfalls geschützt sein. Kein Regenwurm muss dann immer tiefer graben, weil es oben zu trocken ist. Bei unterschiedlichem Bewuchs reichen auch die Wurzeltriebe unterschiedlich weit hinab. Löwenzahn hat lange Pfahlwurzeln, sie dringen tief ein und lockern den Boden. Hier in diesem schweren Grund finden sie reichlich Mineralstoffe. Und durch das tiefe Eindringen machen sie ihn durchlässig. Ihr müsst euch vorstellen, dass aus dieser Hauptwurzel kleine Wurzeln wachsen. An diesen können sich Pilze und Kleinstlebewesen ansiedeln. Jede Pflanze zieht mit ihrem Wurzelwerk andere Pilze und Mikroben an. Habt ihr also viele Pflanzen mit unterschiedlichem Wuchs in die Tiefe, so können sich im gesamten Boden sehr viel mehr unterschiedliche Organismen einfinden. Der Boden beginnt zu atmen. Er beginnt zu leben. Also je mehr verschiedene Pflanzen, desto mehr Pilze und Mikroben, desto mehr Leben. Und selbstverständlich werden auch die Vielfalt und die Anzahl der Insekten und Vögel zunehmen.«

Das alles hatte ich schon ein wenig verstanden. Dafür war kein spezielles Wissen über Pflanzen oder Mikroben oder Pilze nötig. Und doch gab es offensichtlich Instanzen in mir, die dieses Wissen gerne in einem merkwürdig erstarrten Zustand belassen wollten. Immer wieder ging ich durch den Garten. Die Büsche und Bäume, die wir angepflanzt hatten, waren hoch geworden. In unseren Gemüsebeeten hatte das Mulchen, das Abdecken mit organischem Material, die Erde im Laufe der Jahre lockerer und durchlässiger gemacht.

Aber den Rasen nicht mehr mähen?

Wie würde das dann aussehen? Ich konnte es mir nicht recht vorstellen. Irgendwie Wildwuchs, irgendwie unordentlich, dachte ich mir.

Ich spürte, dass ich mein Wahrnehmen, vor allem meine Vorstellung von Schönheit ändern musste. Mir war schon aufgefallen, dass die Bienen nach dem Mähen nicht mehr zu den Gänseblümchen fliegen konnten. Die meisten Blüten, kaum aufgegangen, waren ja schon wieder weg. Ich hatte sie meiner Vorstellung von Ordnung und Sauberkeit geopfert.

Was aber würde stattdessen entstehen? Welches Bild würde sich mir bieten? In den Gemüsebeeten wusste ich, was ich säen und pflanzen wollte. Ich konnte überlegen und planen. Säte ich Salat aus, so sah ich den Salat vor mir, den wir bald essen würden. Ich hatte also vor Augen, was in naher Zukunft heranwachsen würde.

Anders nun beim Rasen. Hier ging es fortan darum, nichts Bestimmtes mehr zu wollen. Es galt, das gezielte Wollen aufzugeben, meine Herrschaft aufzugeben, die Kontrolle aufzugeben, sie gar zu verlieren. Es ging darum, nichts mehr zu tun. Und das, was sich in naher Zukunft ereignen würde, nicht vorauszusehen, es schlicht nicht zu kennen.

In der Folgezeit sinnierte ich über den Rasen. Es war ein Mäandern zwischen Wissen und Empfinden, zwischen Wahrnehmen und Vorstellen, zwischen Sehen und Fühlen. Dieses Sinnieren dauerte Monat um Monat.

Ohne unsere Söhne wäre dieser Prozess nicht gelungen. Sie haben mir keinen Druck gemacht. Vor allem haben sie mir keinen moralischen Druck gemacht. Sie sind klug vorgegangen, indem sie nur immer wieder wie nebenbei mitteilten, was sie sahen und beobachteten, was sie wussten und verstanden.

Und dann, eines Tages, war ich so weit. Oder anders gesagt: Es war so weit. Und es geschah plötzlich. Das zwanghafte Festhalten am Bild eines ordentlichen und sauberen Rasens löste sich auf. Der Glaube an seine angebliche Schönheit stürzte in sich zusammen. Der Kopf leerte sich. Und ich konnte sagen: Wir mähen nicht mehr.

»Du«, sagte ich zu meinem Mann, »wir mähen den Rasen nicht mehr.«

»Überhaupt nicht mehr?«, fragte er.

»Nein. Gar nicht mehr.«

»Wie du meinst. Mir soll es recht sein.«

Es war April. Und wir mähten nicht mehr. Nun konnte es beginnen: das unkontrollierte Wachsen. Und wir ließen es wachsen. Und es wuchs. Und was da wuchs, war unvorhersehbar.

Wir ließen die Pflanzen in Ruhe. Zum ersten Mal seit Jahren ließen wir sie wachsen, ohne sie alle paar Tage zu malträtieren. Sie konnten sich nun in alle Richtungen ausdehnen, nach unten, nach oben, zu allen Seiten hin.

Zwei Wiesenpflanzen nutzten diese Freiheit sogleich, das leuchtend gelbe Scharbockskraut und der Löwenzahn. Das flach wurzelnde Scharbockskraut wucherte vom Rand her in den ehemaligen Rasen. Der Löwenzahn, der dort regelmäßig kurz gemäht worden war, wurde größer und kräftiger. Die Anzahl der Blütenstängel vermehrte sich, sie wuchsen höher, und auch die Anzahl der Knospen nahm zu. Und dann öffneten sich binnen weniger Tage Hunderte tiefgelber Löwenzahnblüten. In Windeseile, so schien es mir, schoben die nächsten Blütenstängel nach und öffneten ihre Knospen. Zusammen mit den ganz ähnlich gelben Scharbockskrautblüten entstand ein Meer aus Gelb und eine der ersten Bienenweiden des Jahres.

Und ich sah mich als Kind. Auch für mich als Mädchen war der Löwenzahn eine auffällige Pflanze gewesen, eben weil er so früh blühte und wuchs. Ich sah mich die längsten und kräftigsten Löwenzahnstängel pflücken, die Blüte entfernen, dann den Stängel mit einem Messerchen in Stränge schneiden und diese in ein Eimerchen voll Wasser schmeißen. Sofort begannen sie sich zu kräuseln, zu kringeln, spiralig aufzurollen. Ein Spiel, das sich mit der Verwandlung der Form begnügte. Die Hände bekamen vom Löwenzahnsaft braune Flecken, die lange nicht weggingen. Nach wenigen Tagen waren aus den ersten Blüten Pusteblumen geworden. Und wie selbstverständlich pflückte ich ihre Stängel und blies die Samen in die Luft.

Einmal stand eine Freundin neben mir, blickte auf den vielen Löwenzahn und meinte: »In einer Siedlung hättet ihr mit einem solchen Garten immerzu Ärger mit den Nachbarn. Die Samen verteilen sich ja überallhin.«

Das stimmt. Unzählbar viele kleine Fallschirme fliegen nach der Blüte im Garten herum. Einzeln oder in zarten Büscheln. Kaum einer von ihnen wird an einer Stelle so zu Boden gleiten, dass eine neue Pflanze aus ihm entstehen kann. Dazu ist der Bewuchs im Garten meistens zu dicht. Nahezu alle werden, ohne zu keimen, verdorren oder verrotten und schließlich zu Humus werden, falls nicht Vögel oder andere Tiere sie fressen. Es ist ein gigantischer Überfluss, die schiere Vergeudung, wie ich sie nach dem Löwenzahn noch bei fast allen Pflanzen im Garten beobachten sollte.

Eigentlich braucht so ein kleiner Sämling nur ganz wenig freie Fläche. Diese kann winzig sein wie eine Mauerritze oder karg wie ein Kiesweg. Manchmal ist mir rätselhaft, wie die Pflanze dorthin gelangen konnte. Fast scheint der Sämling wahrzunehmen, wo er sich ansiedeln kann. Zwei bis drei Jahre, heißt es, könne der Löwenzahn leben. Aber der in unserem Garten kommt mir vor, als werde er bei Weitem älter.

Auch die Gänseblümchen können jetzt unbeschadet blühen. Der Teppich, den die dicht stehenden weißen oder zart rötlichen Blüten nun dauerhaft bilden, macht die kleinen Pflanzen auf eine neue Art sichtbar. Und so sind sie für mich vom Unkraut zur Wildblume geworden. Der Wandel meiner Wertschätzung beschämte mich. Wie hatte ich nur all die Jahre hindurch so stumpfsinnig und roh sein können. Den Rückblick hierauf musste ich jetzt aushalten. Die Zeit ließ sich nicht zurückdrehen. Aber ich haderte heftig mit mir. Es sollte noch dauern, bis ich damit ins Reine kam.

Dabei hatte ich die Gänseblümchen in meinen Kinderjahren geliebt. Auf dem kleinen Rasen, der Wäschebleiche meiner Großeltern, hatte ich die dicksten Stängel mit den größten Blüten gepflückt, weiße und rosafarbene, hatte mich ins Gras gesetzt, mit dem Fingernagel einen Schlitz in den Stängel geritzt und dann durch diese Öffnung den nächsten Stängel gezogen, bis der Blumenschmuck lang genug gewesen war für eine Krone oder für eine Kette oder für beides.

Am sonnigen Rand unseres Grundstücks wächst Kriechender Günsel. Ich hatte ihn in den zurückliegenden Jahren wenig beachtet, allerdings irgendwann seinen Namen nachgeschlagen. Auch über ihn hatten wir hinweggemäht. Erst jetzt, zum ersten Mal seit Jahren, konnte er seine langen violetten Blütenstände so hoch wachsen lassen, wie es an dieser Stelle eigentlich für ihn möglich ist. Und wie bei allen Wildkräutern fanden sich jetzt auf den Blüten die Insekten ein. Obwohl wir den Kriechenden Günsel jahrelang mit dem Mäher traktiert hatten, war er nicht abgestorben, sondern hatte sich an dieser Stelle behauptet.

Innerhalb einiger Wochen hatten wir keinen Rasen mehr, sondern eine Wiese. Es war und ist keine Magerwiese, wie sie entsteht, wenn einem nicht allzu fetten Boden über einen langen Zeitraum durch zweimal Mähen im Jahr Nährstoffe entzogen werden. Der Grund um unser Haus ist als ehemaliger Meeresboden sehr fett. Der Ampfer erreicht, wenn er nicht gemäht wird, im Sommer an sonnigen Stellen Brusthöhe. Der Löwenzahn wurzelt daumendick und so tief, dass es fast unmöglich ist, ihn auszugraben. Immer bleibt ein Rest der Wurzel im Boden.

Ich wurde neugierig, war bereit zu staunen und sah immer mehr. Aufmerksam betrachtete ich nun die Blüten und Blätter der verschiedenen Pflanzen. Ich bückte mich zu ihnen hinunter, zupfte eine Blüte des Kriechenden Günsels ab und schob sie mir in den Mund. Obwohl es nur eine winzige Menge war, meinte ich den Blütennektar deutlich herauszuschmecken. Oder ich nahm ein Blatt vom Sauerampfer und kaute darauf. Sein Name passt, so sauer, wie er ist. Das Blatt einer Knoblauchrauke zerrieb ich zwischen den Fingern. Danach rochen sie ein wenig nach Knoblauch, und auch der Geschmack gleicht einer milden Variante dieser aus wärmeren Ländern importierten Zwiebel.

An einem Tag im Juni sah ich zwei auffällige Schmetterlinge. Ihre Flügel waren weiß und orange. Ich hatte sie nie zuvor gesehen. Als Pärchen tänzelten sie von einer Blüte zur nächsten. Ich las nach, dass dieser Schmetterling Aurorafalter heißt und dass er seine Eier vor allem auf dem Wiesenschaumkraut und auf der Knoblauchrauke ablegt. Deshalb also jetzt diese beiden Schönheiten hier im Garten. Ihr Auftauchen erschien mir wie ein kostbares Geschenk.

Im nächsten Jahr folgte ein heißer Sommer auf einen warmen Frühling. Ich betrachtete die Knoblauchrauken und entdeckte zum ersten Mal die Raupen des Aurorafalters. Ich war so glücklich, sie zu sehen. In ihrem Hellgrün waren sie perfekt an das Hellgrün der Pflanze angepasst. Jeden Tag ging ich hin, um nachzuschauen, wie die Raupen wuchsen, es waren ungefähr ein Dutzend. Dieses Jahr also würde ich sehr viel mehr Aurorafalter im Garten haben. Aber dann, an einem Morgen, waren fast alle Raupen verschwunden, am nächsten Tag war keine einzige mehr da. Die Vögel hatten sie alle gefressen, ausnahmslos. Es war schrecklich, aber die Vögel hungerten. Während des heißen Sommers sollte ich noch mehrmals sehen, wie sich Nahrungsmangel auf das Verhalten der Vögel im Garten auswirkte.

Eine alte Frau aus dem Dorf war überrascht, als sie bei uns das Wiesenschaumkraut entdeckte. Es ist ein zierliches Gewächs mit zartem Blattwerk am Boden, einem kräftigen hohen Stängel und Blütentrauben in Hellblau, Weiß oder Rosa. Wo das Wiesenschaumkraut wächst, stehen oft mehrere Pflanzen dieser Art beisammen. Blickt man auf eine Wiese, scheinen die Blüten wie Schaum in der Luft zu schweben.

Sie habe diese Blumen schon lange nicht mehr gesehen, sagte die alte Frau. Früher habe es sie überall gegeben, aber heute würde sie ja kaum noch jemand kennen. Und sie erzählte weiter, dass sie diese »Storkeblömen« als Kind immer Anfang Mai zum Muttertag gepflückt habe. »Storke« ist plattdeutsch für Storch, wortgetreu übersetzt heißt diese Wildblume also Storchenblume. In meinen Kinderjahren war der Storch noch ein häufiger Vogel. Und er war der größte von allen. Jeden Frühling kam er zurück und stand auf einem Bein in den Wiesen. So scheint auch das Wiesenschaumkraut auf seinem hohen Stängel dazustehen.

In den Dialekten kommen die Bezeichnungen für Pflanzen oft aus derart überraschend anschaulichen Vergleichen. Oder der Name bezieht sich auf eine Wirkung, meist eine Heilwirkung, die früher geläufig war. Mit dem Verschwinden der Mundarten verschwinden auch viele der regional unterschiedlichen Bezeichnungen.

Zwar bewahrt auch die Hochsprache zahlreiche volkstümliche Pflanzennamen, da jedoch den allermeisten von uns der Kontakt fehlt mit dem, was da draußen wächst, verblassen auch die Bezeichnungen. Den Namen fehlt dann oft beides: eine Wurzel in der sinnlichen Erfahrung der Anschauung und die Verwurzelung in einer lebendigen Sprache.

Auch die Vorbesitzer unseres Hauses hatten den Rasen gemäht. Wie lange schon und wie regelmäßig, wissen wir nicht. Womöglich waren Samen Jahre, ja Jahrzehnte im Boden verblieben und hatten auf günstige Umstände gewartet, um zu keimen. Es war noch so viel da. Ein paar Monate Nichtmähen hatten ausgereicht, um zu wecken, was im Dunkeln geschlummert hatte.

Ich erinnerte mich, wie ich meiner Großmutter manchmal Wiesenblumen gepflückt hatte. Sie wuchsen damals am Straßenrand, an Wegrändern oder eben auf den Wiesen, die oft Kuhweiden waren. Ich hatte das Wiesenschaumkraut und die Butterblumen besonders gern. Aber übergab ich meiner Großmutter meinen kleinen Strauß, so steckte sie ihn lieblos in ein Wasserglas. Und da die ersten Blütenblätter schon nach ein paar Stunden abgefallen waren, schmiss sie das ganze Sträußchen am nächsten Tag weg.

Nun, wo sie wachsen durften, zeigten die Gräser, welche Kraft in ihnen steckte. Innerhalb einiger Wochen schossen die unterschiedlichsten Halme in die Höhe. Mir war gar nicht in den Sinn gekommen, dass sich so viele verschiedene Grasarten im Rasen verbargen. Bisher waren auch sie über wenige Zentimeter Wuchshöhe nicht hinausgekommen. Zwölf Arten konnte ich bislang zählen. Womöglich sind es noch viel mehr. An ihren knie- bis hüfthohen Halmen wachsen ganz unterschiedliche Blütenstände, zierliche, schlanke, schwere, üppige.

»Gräser«, erklärte mir einer unserer Söhne, »sind Pionierpflanzen. Sie sind fast immer die Ersten, die eine Fläche besiedeln.«

Wenn ich sie betrachte oder in die Hand nehme und ihre Samen zwischen den Fingern reibe, bekomme ich eine Ahnung davon, welchen Weg die Menschen und diese Pflanzen über Jahrtausende hinweg gemeinsam gegangen sind, bis das, was wir als Gerste oder Roggen oder Weizen kennen, entstanden ist. Wie klug und geduldig unsere Vorfahren gewesen sind. Ich empfand Hochachtung vor unseren Urahnen. Niemals vorher hatte ich Ähnliches gespürt und gedacht. Es war, als würde ich für einen Augenblick zurückversetzt. Es war die Erfahrung eines Zeitsprungs, in dem ich berührt wurde von der Eigenart unserer Gattung, von ihrer besonderen Zähigkeit, ihrer Ausdauer und ihrem Einfallsreichtum.

Die Gräser stehen den ganzen Winter über. Nach und nach holen sich Vögel die Samen.

Vor einigen Jahren ging ich mit einem achtzigjährigen Mann durch den Garten. Er weiß viel über die hiesige Pflanzen- und Vogelwelt.

»Das«, so sagte er zu mir, »das und auch das habe ich seit Jahrzehnten nicht mehr gesehen: Fingerkraut, Johanniskraut, Nelkenwurz, Knoblauchrauke. In meiner Kindheit wuchsen diese Pflanzen überall. Und wir wussten, wogegen sie halfen und wofür sie gut waren. Das war die Apotheke des kleinen Mannes. Etwas anderes konnten wir uns auch nicht leisten. Und das kommt jetzt alles bei euch einfach so wieder hoch.«

Im zweiten Jahr der Wiese meinten unsere Söhne: »Jetzt solltet ihr beginnen, Wege zu mähen.«

Also holte mein Mann den Benzinmäher aus dem Schuppen. Und der sprang auch sofort an. Ich ging durch unseren neuen Wildwuchs und überlegte mir, wie diese Wege verlaufen sollten. Mein Mann mähte hinter mir her, entlang der Büsche und Bäume und durch die Gräser und Wildblumen.

Und dann war es so weit: Zum ersten Mal schritt ich auf den schmalen Bahnen durch die Gräser und Wildblumen, ging an den Johannisbeeren vorbei, vorbei an der Felsenbirne und an den hohen und niedrigen Büschen, die wir bereits in den ehemaligen Rasen gepflanzt hatten. Diesen Pfaden zu folgen veränderte meine Wahrnehmung fast im Nu. Es kam einer optischen Täuschung nahe: Der Garten hatte sich ausgedehnt. Die Wege schufen eine Sicht, deren Blickwinkel den Garten vergrößerten. Die Pfade machten eine neue Weite spürbar. Ich konnte auf ihnen umherschweifen, hierhin gehen und dorthin gehen, und jeder Gang gab mir etwas anderes zu sehen. Die neuen Wege waren eine Ordnung, die aus der Fülle kam. Und wir hatten diese Ordnung geschaffen. Wir hatten eingegriffen.

Du bist Teil eines Lebendigen Ganzen. Nicht mehr, aber auch nicht weniger.

»Das bedeutet«, so erklärte es mir unser älterer Sohn, »dass du als Mensch ebenfalls zu dem Lebendigen Ganzen gehörst, du stehst nicht abseits oder über der Natur. Weil du dazugehörst, darfst du auch manchmal eingreifen. Es geht nicht darum, gar nichts mehr zu machen. Als Mensch musst du sogar manchmal eingreifen, aber du musst begreifen lernen, wo du das tun darfst und wo du das nicht tun darfst. Das ist das Wichtigste.«

Ich mag die Brennnessel.

Anfangs habe ich sie an vielen Stellen ausgerissen. Ihr starkes Wachstum verleitete mich dazu, sie für ein besonders dominantes Unkraut zu halten, das bekämpft werden müsste.

Mittlerweile lassen wir sie an einigen sonnigen, halbschattigen und schattigen Stellen im Garten wachsen. Wir können ihre jungen Triebe essen, Tee aus ihr machen oder eine Jauche zum Düngen. Ihre Nützlichkeit wurde schon früh erkannt, ihre Verwendung hat eine lange Vorgeschichte. Einst wurde aus den Fasern ihrer Stängel Tuch gefertigt, das sogenannte Nesseltuch. Beim Herstellen einer Brennnessel-jauche merkt man, wie faserig und fest diese Pflanze ist. Die Stängel lassen sich nicht mit den bloßen Händen zerrupfen. Es braucht eine Schere, um sie zu zerkleinern. Die Pflanze diente früher auch zum Färben von Wolle und wurde als Heilpflanze genutzt. Die Raupen vieler Schmetterlingsarten benötigen ihre Blätter als Nahrung. Verschiedene Nacht-falter, aber auch der Kleine Fuchs, das Tagpfauenauge und der Admiral legen ihre Eier bevorzugt oder sogar ausschließ-lich auf ihrem Grün ab. Der Kleine Fuchs wird deshalb auch Nesselfalter genannt. Sind die Raupen geschlüpft, überzie-hen sie die Pflanze mit einem schwärzlichen Gespinst. In heißen Sommern sah ich nur wenige sehr kleine Gespinste. Und so flogen im Folgejahr auch nur wenige Schmetterlinge, selbst der Admiral, den es bisher noch recht häufig gab, war selten zu sehen. Es ist unheimlich, wie zügig die Zahl der Insekten bei uns zurückgehen kann. Ein Hitzesommer ge-nügt, und die darbenden Vögel fressen alles an Raupen, was sich nur irgendwie finden lässt. Woher sollen dann im fol-genden Jahr die Schmetterlinge kommen?

Brennnesseln bilden ein weitverzweigtes Wurzelwerk mit vielen feinen Haarwürzelchen, die in geringer Tiefe waage-recht durch den Boden verlaufen und ihn dabei lockern. So erobert sich die Pflanze neue Flächen, auf denen sie dicht an dicht steht. Ihr starkes oberirdisches Wachstum bringt ihr Grün schnell hoch ins Licht.

Mit Muße besehen, wirkt die Brennnessel sowohl unter

wie über der Erde eigentümlich zart: die Blätter fast durchschimmernd, die weichen hängenden Blütenstände kaum auffallender als die hellgrünen Blättchen. Mir kommt die Brennnessel in unserem Garten wie das Gegenbild des Löwenzahns vor. Ihn, kompakt und kräftig, zieht es mit seiner Pfahlwurzel möglichst tief hinab ins Dunkle, seine robusten Blätter und Blütenstängel wollen nicht hoch hinaus. Eine Brennnessel auszureißen, ist dagegen nicht schwer. Meist allerdings werden Wurzelreste im Boden bleiben, aus denen sie wieder austreibt.

Im Gemüsebeet zupfe ich sie heraus, zum Beispiel dort, wo sie mit dem Möhrengrün hochkommt. Ich muss sie entfernen, weil die Wildpflanze viel schneller als die Möhre wächst. Ich mache das mit bloßen Händen. Ihre Wurzeln brennen nicht, das tun nur die Härchen an den Stielen und auf der Oberseite der Blätter.

Manchmal lasse ich mich im Sommer absichtlich von ihr brennen, an den Beinen, den Armen oder nur an den Händen. Ich weiß, eine ihrer Heilwirkungen besteht darin, die Durchblutung anzuregen. Ich bin sicher, dies dann deutlich zu spüren. Es juckt, es kribbelt, die Haut rötet sich leicht. War ich als Kind in die Brennnesseln gefallen, sagte meine Großmutter: »Dat maakt nix, dat is good för'd Blood.«

Dort, wo der Boden feucht ist, breiten sich Butterblumen aus. Und Moos. Ich merkte mir schon bald nach unserem Einzug, wo es wuchs. Denn wir brauchten es damals für die Osternester.

Viele Jahre später, unsere Söhne waren schon längst ausgezogen, kam ein Mann aus der Nachbarschaft und fragte, ob ich vielleicht etwas Moos für ihn hätte, seine Frau wolle es für ein Blumengesteck. Ich ging gleich los, um ein wenig davon auszurupfen. Ich kannte die Stelle. Aber dann war kein Moos da. Das verwirrte mich. Genau hier hatte es sich doch über

Jahre hinweg befunden. Ich stapfte weiter. Nirgends wuchs mehr Moos. Und ich hatte sein Verschwinden nicht bemerkt. Wie hatte mir das entgehen können! Ich ging doch so aufmerksam wie möglich durch unseren Garten. Dachte ich zumindest. Dort, wo es das Moos gegeben hatte, wuchsen nun Gräser. Sie hatten sich durchsetzen können, weil wir nicht mehr mähten.

Das Verschwinden des Mooses zeigte mir, wie viel Gartengeschehen mir immer noch entging. Ich stand weiterhin außerhalb. Erneut ärgerte mich die Enge meines Blicks. Gelegentlich schien er sich zu weiten, um sich dann doch woanders wieder zu verengen. Ich las einiges über Moose nach, sah mir Bilder an und ging noch einmal in den Garten. Jetzt fand ich ein wenig auf Steinen und alten Ästen, aber das meiste Moos blieb verschwunden, wahrscheinlich weil der Sommer davor so heiß und trocken gewesen war.

Aber dann, am Ende des Jahres und zu Beginn des neuen, regnete es wochenlang, es kam so viel Wasser vom Himmel, wie wir es hier in all der Zeit noch nicht erlebt hatten. Und das Moos kehrte zurück. Es war nur oberflächlich verschwunden gewesen, hatte sich lediglich zurückgezogen, war nicht abgestorben. Am Ende dieser Regenmonate entstanden in der noch grauen Wiese kleine saftig hellgrüne Inseln. Vor allem aber wuchs Moos auf den Wegen, die wir durch die Wiese gemäht hatten. Da dort die Gräser kurz geblieben waren, hatte es sich in der monatelangen Nässe mit Wasser vollsaugen und durchsetzen können. Es war immer da gewesen, wenn auch für mich unsichtbar. Es hatte den vielen Regen gebraucht, um sich zeigen zu können. Auf diesen Mooswegen ging es sich wie auf einem weichen Teppich.

Im März folgte Sonnentag auf Sonnentag, das Moos trocknete aus, wurde braun und verschwand an den meisten Stellen erneut.

Dass der Wuchs der Pflanzen vom Licht, von der Feuchtigkeit, von Wärme oder Kälte beeinflusst wird, ist eine Alltagserkenntnis. Aber ob eine Erkenntnis an der Oberfläche unseres Bewusstseins bleibt oder tiefer in uns eindringt, liegt an uns. Diese wasseraufsaugende Pflanze hatte mir gezeigt, wie mühelos sie eine Trockenzeit überdauern und wie schnell sie in ihre vorige Verfasstheit zurückkehren kann. Das meiste hiervon war meiner Aufmerksamkeit entgangen.

Das Moos, diese von uns kaum beachtete, oft unerwünschte oder sogar verhasste Pflanze, klein und unscheinbar, leicht zu entfernen, hatte mir nicht nur die Beschränktheit meiner Wahrnehmung gezeigt, es hatte mir auch verdeutlicht, wie viel mehr ich erkennen und mir merken kann, wenn ich genau hinsehe, beobachte und erneut hinsehe. Es ist ein ständiges Wiederholen und Einüben. Das Wissen, welches hieraus erwächst, ist lebendiges Wissen. Ich freue mich über diese Art von Wissen mehr als über eines, das ich durch Nachlesen gewonnen habe. Es ist Erfahrungswissen, das mich bleibend berührt. Ich vergesse es nicht wieder.

Mit einer besonders auffälligen Pflanze machte ich eine Erfahrung anderer Art. Ich erfuhr, wie mein begründendes, vernünftiges Denken, mein rationales Überlegen in die Irre ging. Ein eigentümlich distelartiges Gewächs brach aus der Wiese und erreichte binnen zwei, drei Wochen Mannshöhe. Mir war eine derartige Distel noch nie vor Augen gekommen. Sie hatte einen imposanten, sich in mehrere Kronen verzweigenden Blütenstand. An einem warmen Tag sah ich, dass auf den violetten Blüten Insekten saßen, die mir ebenso unbekannt waren wie die Distel. Sie schwebten und saßen und saugten. Sie summten, und sie waren auf eine beeindruckende, fast furchteinflößende Weise groß.

Ich rief meinen Mann. Er kennt sich mit Insekten besser aus.

»Oh«, meinte er, »die hab ich noch nie gesehen. Die Färbung ähnelt dem Schwarzgelb von Wespen oder Hornissen. Aber die starre Stellung der Flügel ist eher die von Schwebefliegen.«

Er schaute nach und fand sie sofort. Es war die Hornissenschwebefliege. Das selten gewordene Insekt ließ sich, soweit ich es beobachten konnte, ausschließlich auf dieser Riesendistel finden. Und das wochenlang.

Im nächsten Frühling ging ich wie selbstverständlich davon aus, dass sich diese Pflanze nun auch an anderen Stellen des Gartens angesiedelt hatte. Denn nach der Blüte hatte sie Hunderte von Samen gebildet, die einzeln oder als kleine Knäuel durch den Garten geschwebt waren, ähnlich denen des Löwenzahns. Aber nichts. Nicht ein Exemplar kam hoch. Nicht einmal das eine vorjährige. Ich erinnerte mich noch genau an die Stelle, an der die Distel in aller Pracht gestanden hatte. Doch auch dort: nichts mehr.

Bestimmt hätte ein Botaniker mir eine Erklärung hierfür geben können. Aber das war nicht entscheidend. Wesentlich für mich war, dass ich bestimmte Vorstellungen vom Kommenden, vom Wiederkehrenden gehabt hatte, Zukunftsfantasien, von denen ich dachte, sie müssten eintreten. Aber sie traten nicht ein. Ich musste noch weiter weg von meinem Denken in naheliegenden Wirkzusammenhängen. Es ging nicht darum, nicht zu überlegen und nichts zu planen. In den Gemüsebeeten machte ich das viel. Bei unserer Wiese jedoch ging es immer und immer wieder darum, nur hinzuschauen und das Gesehene aufzunehmen.

Wohl lag es nahe zu erwarten, dass die Distel im nächsten Jahr an der gleichen Stelle erneut wachsen würde. Aber mein Fehler war, dass ich wie selbstverständlich davon ausgegangen war. Dass sie nicht dort wuchs, überraschte mich. Ich war sogar ein wenig enttäuscht. Als hätte die Pflanze mich enttäuscht. Ich war wieder ins Bewerten verfallen, statt im Beobachten zu bleiben. Hätte es mich, wenn sie an der gleichen Stelle hochgekommen wäre, nicht genauso überraschen sollen? Noch besser wäre es gewesen, beides als Möglichkeit im Sinn zu haben, sowohl ihr Wachsen als auch ihr Nichtwachsen, beides hinzunehmen als etwas, was die Pflanze tat, ohne dass ich wusste, weshalb.

Das setzt ein Denken voraus, das Offenheit für eine Tugend des menschlichen Geistes hält. Ich bemerkte diese Notwendigkeit des Offenseins in den nächsten Jahren noch sehr häufig. War diese Einstellung zunächst auf die Pflanzen im Garten begrenzt, so erweiterte sie sich langsam zu einer grundsätzlichen Haltung dem Lebendigen gegenüber. Dies hieß offen zu sein für das, was womöglich noch geschehen könnte, ohne dass es vorauszusehen wäre. Das gilt für das unerwartet Schlimme, sei es eine plötzlich ausbrechende Krankheit oder der Verlust eines nahen Menschen. Aber es gilt eben auch für das unerwartet Schöne. Sich dessen Möglichkeit offenzuhalten, ist schwieriger. Unser Geist hat die Neigung, sich um das Unschöne zu ranken, dort nährt er sich gerne.

Neben der Offenheit braucht es die Fähigkeit, nicht allzu schnell zu bewerten. Beim Hinschauen zu bleiben und die fast zwangsläufige Einteilung in hässlich oder schön, gut oder schlecht erst einmal zu unterlassen, erfordert Übung und immer wieder Übung. Wir können kaum anders, als unwillkürlich zu bewerten. Bei den Wiesenpflanzen lernte ich ganz langsam, das Werten ein wenig einzudämmen, indem ich mir meine Haltung immer wieder bewusst machte.

Bisweilen bemerkte ich aber auch, dass ich mir zu viel abverlangte. Da stand ich dann vor den kleinen unscheinbaren weißen Blüten der Knoblauchrauke, ging anschließend zu den Rosen und konnte nicht anders: Die Rosenblüte war die schönere. Und ich gestand mir zu, dass diese Einschätzung ebenfalls in Ordnung war. Bloß keine Selbstkasteiung durch eine Engstirnigkeit, die meinem Geist eine Haltung abverlangt, die selber wieder in ein Zwangssystem mündet. Ich musste meinem Geist langsam zutrauen, die Sichtweisen immer wieder ein wenig zu ändern.

Weiterhin dauert es, bis ich eine Wildpflanze in ihrer eigenen Art des Wachsens und Blühens würdigen kann. Dieser Zugewinn muss nicht von Dauer sein. Immer wieder gelingt mir dies nur durch ein erneutes wohlwollendes Hinschauen. Das ist das Wichtigste. Irgendwann beginnen die Pflanzen ein Eigenleben zu entwickeln. Ich gehe durch den Garten und beobachte ihre Art, sich zu zeigen, bemerke ihr Tun. Sie werden zu einem Gegenüber, das ich zufällig sehe oder nach dem ich absichtlich Ausschau halte, das verschwunden scheint oder sich vermehrt hat. Und immer häufiger erzählen sie mir genauso viel über mich wie über sich.

Ich bemerkte auch, dass der Wechsel der Jahreszeiten meine Wahrnehmung des Schönen beeinflusst. Gerade im Frühling, von dessen Beginn man mittlerweile schon im Februar sprechen kann, sind es zuerst die Wildpflanzen, die sprießen. Zügig poppt das gelb blühende Scharbockskraut auf und der Löwenzahn bildet neue zarte Blätter. Da die Knospen der Bäume und Büsche noch geschlossen sind, die Triebe der Stauden in der Erde verweilen, sind es diese Pflanzen, deren Schönheit ich dann besonders wahrnehme, die aber im Laufe des Jahres ihren Rang an andere abtreten. Blüht und gedeiht alles ringsum, wird ihre Schönheit zu einer unter vielen. Oder sie sind bald wieder verschwunden wie das Scharbockskraut.

Die Osterglocken blühten in unseren ersten Jahren Ende März oder Anfang April. Mittlerweile zeigen sie sich bereits

Ende Februar. Wir haben viele dieser Narzissen in der Wiese, sie vermehren sich ohne unser Zutun von Jahr zu Jahr. Für mich ist die Osterglocke die unscheinbare Schwester der Tulpe. Sie scheint mir unspektakulär, verblüht schnell.

Ich tue ihr unrecht. Im Februar, wenn sie die erste Blume nach dem Winter ist, die ich abschneiden und in einer Vase arrangieren kann, erfreue ich mich besonders an ihr. Denn mit ihr beginnen die Monate, in denen ich alle paar Tage andere Schnittblumen in die Wohnung stelle. Dann erscheint mir ihr helles Gelb als ein Vorbote des kommenden Wachsens und Sprießens. Ihr Zitronengelb wirkt frisch und zart, ganz anders als das sommersatte Gelb der Sonnenblumen einige Monate später. Für eine Weile gefällt sie mir auf eigene Weise, wohl auch, weil ihr Blühen in dieser Zeit kaum Konkurrenz hat. Sie muss sich nicht messen. Ich muss sie nicht messen.

Es gibt noch ein anderes Denken, eine weitere Spielart des Geistes, die mich zuweilen fördert, oft genug aber auch hindert. Ich meine das Wissenmüssen und das Bescheidwissen.

So hatte ich anfangs noch nachgelesen, wozu die Knoblauchrauke benutzt wurde, erfuhr, welche Teile des Nelkenwurzes gegen welche Leiden helfen, was zur Verdauung beiträgt oder zur Haltbarmachung von Lebensmitteln verwendet worden war. Ich las nach, welche Blüten und Blätter ich als Tee gegen verschiedene Erkrankungen trinken konnte, wann ich sie ernten und wie ich sie trocknen sollte. Aber ich vergaß dergleichen schnell wieder. Ich konnte mir viel zu wenig merken, und das setzte mich unter Druck. Schon wieder war ich dabei, mich der Pflanzen intellektuell zu bemächtigen, unterwarf mich dem Drang, Erlebtes und Gesehenes mit Wissen zu verknüpfen. Es war schon wieder diese Instanz in mir, die Kontrolle wollte. Auch das begriff ich.

»Die Pflanze«, sagte einer unserer Söhne zu mir, »ist ohne dich genauso glücklich.«

Es war besser, bekömmlicher, mich von vielen der angelesenen Wirkungszusammenhänge frei zu machen. Ich hatte mich überfordert. Endlich erlaubte ich mir, diese Art von Wissen weitgehend sein zu lassen, auch diese Art von Kontrolle aufzugeben. Und das erleichterte mich ungemein. Mein von mir selbst errichtetes Gebot, ich müsse möglichst viel über die einzelnen Pflanzen und ihre vielfältigen Heilwirkungen wissen, konnte ich erst einmal beiseitelassen. Denn wenn ich der Natur weiterhin mit Wissenmüssen begegnete, würde ich scheitern. Es lag keine Freude darin. Der erste Zugriff durfte eine unwillkürliche Geneigtheit sein.

Dennoch las ich weiterhin manches einfach aus Neugierde nach. Aus dem Müssen war ein fast spielerisches Wollen geworden. So konnte sich das Gelesene wie von alleine festsetzen. Ich musste gar nichts dafür tun. Es reicherte sich auch so in mir an. Es wurde größer und prägte sich aus. Es begann sich zu verfestigen.

Fast alle Wildkräuter, die mittlerweile in unserer Wiese wachsen, können wir essen. Vom Löwenzahn, dessen Bitterstoffe gerade im Frühjahr so gesund sein sollen, wissen wir dies inzwischen wieder. Ich zupfe dazu Blätter vom Giersch, von der Brennnessel, vom Klettenkraut, vom Spitzwegerich oder von anderen Pflanzen und stecke sie mir in den Mund. Mittlerweile erkenne ich den Geschmack und die Beschaffenheit der Blätter oder Blüten wieder. Aber ich spüre, dass es gut wäre, diese Erfahrungen noch inniger werden zu lassen.

Ich esse gern Salat. In den Beeten achtete ich seit unserer Anfangszeit darauf, ihn früh im Jahr auszusäen. Ein Pflücksalat wächst schnell. Und bald folgen Römersalat, Eisbergsalat oder Fingersalat. Im Herbst kommen die Samen des Feldsalats so zeitig in den Boden, dass wir ihn den Winter über ernten können.

Wollte ich also Salat essen, ging ich mit einer Schüssel los und schnitt mir in den Beeten genug für eine Portion ab. Mir war klar, im Geschäft bekäme ich ihn nie so frisch und schmackhaft, ich müsste extra hinfahren, und bezahlen müsste ich auch. Aber war mein Salat nicht trotzdem teurer als der gekaufte? Nämlich dann, wenn ich den Preis des Saatguts bedachte, die Arbeit einrechnete, die in der Vorbereitung der Beete steckte, und mir vor Augen hielt, wie lange ich mit dem Säen, dem Gießen und Wegrupfen der Beikräuter beschäftigt gewesen war.

Nach und nach dämmerte mir, dass ich mich mit dieser Art zu denken in der monetären Zwangslogik unseres Wirtschaftssystems bewegte, in dem alles zuerst und vorrangig nach seinem Geldwert bemessen wird.

Bei meinen Gängen durch die Wiese kam mir in den Sinn, dass ich auch dort genug Kräuter für eine Portion Salat finden könnte. Statt zu den Beeten könnte ich mit meiner Schüssel auch durch die Wiese gehen und mir von den Wildpflanzen nehmen. Der Salat würde nicht nur bunt anzusehen sein, auch was mir sein Verzehr an Wertvollem schenkte, wäre vielfältiger als das, was der angebaute Salat an Inhaltsstoffen zu bieten hatte. Ich müsste nur sammeln.

Warum tat ich es nicht?

Ich würde nicht einmal eine Viertelstunde dafür brauchen. Was mich vom Sammeln abhielt, schien der Umstand zu sein, dass es sich nicht um Kulturpflanzen handelte, sondern um Wildpflanzen.

Waren Wildpflanzen etwas, was ich in gewisser Weise nicht als Nahrung gelten ließ, nicht zur Nahrung zählte?

Lag dies daran, weil sie einfach so da waren? Weil ich auf

keine der gängigen Weisen für sie bezahlte? Waren sie deshalb nicht so viel wert?

Der alte Mann hatte mir erzählt, wie die Menschen im Dorf am Ende des Krieges und in der unmittelbaren Nachkriegszeit gehungert hatten und wie sie in ihrer Not auf das Vorland des Deiches gegangen waren und dort Pflanzen gesammelt und von manchen sogar die Wurzeln ausgestochen hatten. Sie wussten damals, welche sie essen konnten.

Bekommen Wildpflanzen erst einen Wert, wenn Hunger herrscht?

Ich nahm eine Schüssel und ein Messerchen. Gänseblümchen, Knoblauchrauke, Giersch, Klettenkraut, Löwenzahn, Wiesenschaumkraut, Kriechender Günsel, Scharbockskraut, Fetthenne, Bärlauch. Die Schüssel füllte sich schnell.

Ich blickte auf die gesammelten wilden Kräuter. Die Wiese hatte mir gerade gegeben. Ich hatte nichts dafür getan, hatte weder dafür bezahlen noch arbeiten müssen. Was ich mir genommen hatte, war einfach so da gewesen, unabhängig von mir. Die Wiese gibt mir. Schenkt mir. Ich muss bloß nehmen.

Das hört sich befremdlich an! Die Wiese gibt. Schenkt. Ernährt mich mit Wildkräutern. Das macht die Wiese zur Hauptsache, sie ist das Eigentliche, die Voraussetzung. Ich bin dabei nur eine Nebenfigur, den Tieren ähnlich, die der Grund ebenfalls ernährt, und dies in großer Zahl, denn verglichen mit mir gibt es ein Vielfaches an animalischem Leben in dieser Wiese.

Das da vor mir, dieses Stückchen Garten und das da in der Schüssel, das stand einen Augenblick für die Erde. Ich bekam eine Ahnung, wie sich unsere Vorfahren über Tausende von Jahren von wild wachsenden Pflanzen ernährt hatten. Ich ahnte, wie sie nach bestimmten Ähren Ausschau gehalten, wie sie gesucht und gefunden und abgerupft, wie sie Wurzeln und Wurzelknollen ausgegraben hatten.

Mir dämmerte, wie eng dieses Verhältnis zu den Pflanzen gewesen sein musste, eine innige Gemeinschaft. Ohne die Pflanzen hätten die Menschen nicht überlebt. Darum wohl das magische Denken der Frühmenschen, ihre Beseelung der Umwelt mit Tier- und Pflanzengeistern. Ihre Verbundenheit mit dem Lebendigen Ganzen muss so tief gewesen sein, dass wir Heutigen dies allenfalls noch ahnen können. Wir haben die Fühlung mit dem Organischen verloren. Aus den meisten Zusammenhängen sind wir schon lange herausgefallen.

Mittlerweile weiß ich, wann welche Wildkräuter hochkommen. Ich habe beschlossen, in den nächsten Jahren keinen Frühjahrssalat mehr auszusäen. Erst für die Herbst- und Winterernte werde ich wieder Körner in den Boden legen. Den Frühling und Sommer über haben wir genug von dem, was ohne unser Zutun hochkommt.

Inzwischen koche ich die Wildpflanzen manchmal auch als Gemüse. Es wächst so viel an Giersch, Knoblauchrauke, Taubnessel, Vogelmiere, Labkraut, dass es für viele Mahlzeiten reichen würde. Essbare Wildpflanzen rupfe ich nicht aus, sondern schneide sie nur ganz oder in Teilen ab, damit die Pflanzen weiterwachsen können. Die Wildkräuter sind also immer da, und sie werden mit jedem Jahr kräftiger.

Ich merke, wie das Sammeln, Essen, vor allem das Kochen dieser Gewächse auf mich einwirkt. Es ist anfangs eigentümlich, sein Essen aus dem Wildwuchs des Gartens zu bereiten. Diese Kräuter zu kochen, geht aber noch einen Schritt weiter, als sie bloß für den Salat zu nehmen. Es bedeutet, sie auf eine höhere Stufe der Nahrungszubereitung zu heben. Vielleicht vergleichbar mit dem, was Labkraut in der Milch bewirkt hat. Es wurde beigegeben, weil die Enzyme, die es enthält, die Milch zu Frischkäse gerinnen ließen. Und auch in mir geschieht eine Verwandlung.

Manchmal scheint es mir fast, als würde die Pflanzenwelt mich locken: Komm doch und sieh, was wir alles für dich haben. Nimm von uns. Wir haben so viel. Wir geben es an Hummeln, Wanzen, Ameisen, aber auch du kannst von uns haben. Komm nur. Trau dich. Hab keine Angst.

Andererseits denke ich, den Pflanzen dürfte es gleichgültig sein, ob ich mich von ihnen ernähre oder nicht. Ihr Locken fantasiere ich lediglich. Und dass ich dies eigens tun muss, macht vielleicht ein Dilemma unserer Zeit sichtbar. Womöglich sind es gerade diese Fantasien, Wunschvorstellungen und Bilder, die wir wieder brauchen. Was die Pflanzen tatsächlich für Wesen sind, werden wir dabei allerdings kaum erfahren. Auch wenn wir sie wahrnehmen und wertschätzen, auch wenn wir sie sammeln und verarbeiten und unsere Fantasien auf sie richten, wird ein Rest an unerklärter Eigenart bleiben.

Die Wiese wurde auch der Lebensraum, in dem wir eine neue Vielfalt an Getier beobachten konnten. Dass es hier einen Mangel gegeben hatte, war uns zuvor nicht bewusst gewesen. Die Älteren von uns erinnern sich noch, wie in den 1960er-Jahren nach einer sommerlichen Autofahrt die Windschutzscheibe mit toten Insekten übersät war. Es war lästig. Es störte die Sicht. Die Scheibe musste von den Überresten der geplatzten Körper gereinigt werden. Heute können wir längere Strecken fahren, ohne dass eine Mücke, eine Fliege oder ein Nachtfalter gegen das Glas fliegt. Wir haben das stille Schwinden erst spät bemerkt. Die Jüngeren wissen nur noch vom Hörensagen, dass es einmal von Insekten stark verschmutzte Windschutzscheiben gegeben hat. Davon zu erzählen ist wie ein Raunen aus längst vergangenen Zeiten. Aus einer untergegangenen Welt. Nur wir Älteren wissen noch von ihr. Binnen weniger Jahrzehnte ist sie verschwunden.

Heute wird uns bei den sich häufenden Waldbränden oder

Überschwemmungen zwar mitgeteilt, wie viele Menschen gestorben sind. Die Unzahl von Tieren und Pflanzen, die umgekommen sind, ist jedoch keiner Erwähnung wert. Dabei würde es unsere Aufmerksamkeit für das Sterben und Schwinden der Pflanzen und Tiere vielleicht ein wenig ändern, wenn nicht ausschließlich der Mensch Beachtung und Erwähnung fände.

Von woher kommen die Insekten in unserem Garten? Dass sie sich bei uns vermehren können und sich deshalb eine gewisse Vielfalt erhält, verstehe ich schon. Aber wo kommen diejenigen Arten her, die plötzlich wie aus dem Nichts auftauchen? Schwerlich wird es jemals wieder die Anzahl und die Vielfalt der Insekten wie noch vor sechzig Jahren geben. Wenn ich auf die industriell bewirtschafteten Äcker der Umgebung blicke, ist nur zu begreiflich, dass sie dort nicht mehr leben können.

Angewiesen sind sie auf Reservate, auf vereinzelte Fleckchen Land, wo sie sich noch aufhalten können: Das kann ein verwilderter Garten auf einem nicht mehr bewohnten Grundstück sein, der eine oder andere Naturgarten, eine Wiese, die als Ausgleichsfläche für ein Stück Autobahn ungenutzt bleibt. Anscheinend reichen wenige solcher kleinen Inseln. Diese Lebensräume wirken dann wie ein Magnet; alle möglichen Insekten erreicht auch noch in einiger Ferne die Botschaft, dass sie sich hier niederlassen, ernähren und fortpflanzen können. Auf uns wirkt ihr Erscheinen dann so, als hätte die Natur aus dem Nichts dieses Leben als etwas Neues entstehen lassen. Es ist wie ein Wunder.

Oder sollte ich sagen: Es ist ein Wunder.

Jeden Monat, jedes Jahr ändert sich der Bewuchs. Manchmal sprießen viele Margeriten, viel Hirtentäschel, viel Nelkenwurz, im nächsten Jahr weniger davon. Über die Vögel sind

Johanniskraut, Stechpalmen, wilde Rosen und Sauerkirschen in den Garten gekommen. Auch andere Baumschößlinge, vor allem Ahorne, Pappeln, Eichen, Kastanien, Weißdorne und Holunder sprießen im Wildwuchs der Wiese. Hätten wir das Gras nicht wachsen lassen, so hätten wir nie erfahren, dass sie als Möglichkeit vorhanden waren.

Es gelingt mir immer besser, langsam durch diese erweiterte Welt zu gehen und zu schauen, mich nicht mehr ganz so wichtig zu nehmen. Unter meinen Füßen und um mich herum lebt eine überwältigende Vielzahl von Pflanzen, Tieren und Pilzen. Und ich bin nur ein einziges Exemplar der Spezies Mensch. Ich habe die totale Kontrolle aufgegeben, will nicht mehr alles beherrschen. Es ist, als würde das Walten der Natur ein wenig auf mich abstrahlen. Mein einzelner kleiner Menschengeist nimmt sich ein bisschen zurück, übt sich ein wenig in Demut. Um mich herum ist so viel mehr an Leben und an Kraft, viel mehr, als ich als einzelner Mensch besitze. Mein Leben ist winzig im Verhältnis dazu. Unbedeutend. Und doch bin ich, umhergehend und beobachtend, mittendrin in diesem strotzenden Dasein. Ich begreife mich für Momente als Teil eines Lebendigen Ganzen.

Eine Bekannte erzählte mir, dass sie eine neue Wohnung mit kleinem Garten bezogen habe. Im ersten Jahr habe sie erst einmal alle Pflanzen wachsen lassen, um zu sehen, was sich da regt. Unter und neben der Hecke sei eine schöne, kräftig grüne Pflanze ans Licht gekommen. Ein guter Bodendecker, der im Frühsommer hohe weiße Doldenblüten hervorgebracht hatte und der in den heißen Sommerwochen weder gelb wurde noch vertrocknete. Da habe sie doch endlich wissen wollen, wie die Pflanze heiße. Sie habe nachgesehen und gelesen, dass dies der Giersch sei. Augenblicklich habe die Pflanze alle Schönheit für sie verloren.

Auch ich kenne aus unserer Anfangszeit den Kampf gegen den vitalen Giersch, damals für mich noch Unkraut, von dem ich dachte, er würde sich überallhin verbreiten, und dem ich Einhalt gebieten wollte. Ich beschloss, ihm an einigen Stellen mit schwarzer Folie das Licht zu nehmen, kaufte einige Meter davon und breitete sie über den Giersch aus. Da lag dann diese Folie, von der Sonne beschienen und so aufgeheizt, dass alles Lebendige darunter absterben musste. Ich machte mir keine weiteren Gedanken. Ich bemerkte nur, dass von dieser Abdeckung im dritten Jahr kaum noch etwas zu sehen war. Staub und Erde hatten sie mittlerweile bedeckt, und in dieser Schicht begannen Gräser zu wachsen.

Unterdessen allerdings war in mir eine Vorstellung von der Belebtheit des Bodens entstanden. Ich begann, ein schlechtes Gewissen zu bekommen. Die Folie lag ja noch da, wie verdeckt auch immer. Und das schlechte Gewissen wuchs. Wuchs weiter angesichts dieses Frevels. Mir wurde schmerzlich bewusst, was ich getan hatte. So lange hatte ich es nicht zur Kenntnis genommen, doch nun konnte ich nicht mehr darüber hinwegsehen. Ich hielt es nicht mehr aus. Ich musste und ich wollte diese Folie wieder aus unserem Garten entfernen.

Das erwies sich allerdings als nicht so einfach. Die Wurzeln der neuen Gräser hatten es geschafft, kleine Löcher in den Kunststoff zu bohren und an das Wasser und die Nährstoffe darunter heranzukommen. Gras und Folie bildeten inzwischen eine dicke verfilzte Schicht. Ich grub die Ränder der Folie frei, zog sie hoch, so weit es ging, stocherte mit dem Spaten unter die Folie, um die Wurzeln zu durchstoßen. Und langsam, ganz langsam konnte ich den Fremdkörper entfernen. Er lag nun da, auf der einen Seite hingen noch die Wurzelreste, auf der anderen Seite das Gras.

Und der freigelegte Boden? Eine Ödnis. Aufgerissen vom Entfernen der Plane, ohne jede Vegetation, kahl und tot.

Was hatte ich da bloß gemacht?

Was für ein Teufel hatte mich geritten, dass ich auf die Idee gekommen war, die Erde mit Plastik zu bedecken, auf dass darunter möglichst alles Leben absterbe? Denn es waren ja nicht nur die Pflanzen, die nicht mehr nach oben durchkamen, da waren auch die Kellerasseln, Tausendfüßler und Würmer. Ich hatte sie vom Licht, vom Wasser und von der Nahrung abgeschnitten.

Es war nur ein Stück Folie gewesen. Aber aus dem Verlangen heraus, ein sogenanntes Unkraut zu vertreiben, die von ihm besetzten Stellen zu säubern, hatte ich mich an diesem Stück Gartenboden vergriffen. Ich hatte es, gelinde gesagt, misshandelt.

Eine Pflanze ein Unkraut zu nennen, geht uns leicht über die Lippen, wir glauben zu wissen, was diese Bezeichnung meint. Wie selbstverständlich verbannen wir damit viele Gewächse nicht nur in das Reich des Unnützen, sondern auch in die Sphäre des Auszumerzenden. Es ist nicht einfach, sich davon zu lösen. Am Anfang steht der Wunsch, dieses Wort am besten überhaupt nicht mehr zu verwenden. Im Gemüsegarten lässt es sich ersetzen durch die Bezeichnung Beikräuter, die auszurupfen sind, will man verhindern, dass die Kulturpflanzen überdeckt werden.

Sich aber ausnahmslos vom Wort Unkraut zu lösen, erfordert eine grundsätzliche andere Sichtweise. Sie lässt sich nicht erzwingen, ich musste sie einüben. Es hat Zeit gebraucht und viele Gänge durch den Garten, um die Schönheit der Wildkräuter sehen zu lernen.

Irgendwann wusste ich, zu welcher Jahreszeit sie hervorkommen und wann sie wieder verschwinden. Wer kennt diese Pflanzen noch? Zum Kennen- und Schätzenlernen gehörte auch, dass ich ihre Namen nachschaute. Denn viele konnte ich nicht benennen. Das Einprägen der Bezeichnungen half, dass nun auch das Bezeichnete in meinem Bewusstsein Raum einnehmen konnte. Jetzt, wo ich ihre Namen kannte, war es auch viel einfacher, das Wort Unkraut zu vermeiden. Ich konnte jetzt vom Pfennigkraut oder vom Hirtentäschel sprechen, auch entlegenere Bezeichnungen wie Kriechender Günsel oder Vogelmiere ließen sich dauerhaft merken. Der große Überbegriff Unkraut wurde so zurückgedrängt. Die einzelnen Arten werden gestärkt, sie werden präsenter, und sie werden schön. Gleichzeitig fiel mir zunehmend auf, mit welcher Wut, ja Verbitterung, sogar Abscheu andere Gärtnerinnen und Gärtner von diesen Pflanzen sprachen.

Eine Rose erkennen wir sofort, unabhängig davon, um welche Züchtung es sich handelt. Wir erkennen die ähnlich auffälligen Dahlien, einst aus Mexiko nach Europa gekommen, deren Knollen wir im Herbst ausgraben müssen. Ebenso selbstverständlich identifizieren wir Geranien, deren Stecklinge bis heute aus Afrika importiert werden. Geranien sind Blühpflanzen, die für Bienen und Hummeln keinen Wert haben, da sie weder Nektar noch Blütenstaub produzieren. Als Balkonpflanzen fanden sie massenhaft Verbreitung und finden weiterhin Liebhaber. Die hierzulande natürlich vorkommenden Blühpflanzen hingegen sind uns oft fremd. Unsere Wildpflanzen könnten unsere neuen Exoten werden. Es liegt an uns.

Vor einigen Jahren rief mich ein Mann an und sagte, er und seine Frau führen ab und an mit dem Fahrrad an unserem Grundstück vorbei. Dabei habe seine Frau gesehen, dass bei uns so viele Ringelblumen wachsen, ob sie vielleicht einige davon haben könne. Er wolle sie mir selbstverständlich bezahlen. Nun, Geld wolle ich nicht, antwortete ich ihm, aber ich könne ihm gerne einige Pflanzen ausgraben. Am Wochenende kam er und holte sie. Nach zwei Wochen rief er wieder an und sagte, die Blumen wüchsen so wunderbar bei ihnen, es seien die orangefarbenen. Nun sei seiner Frau aufgefallen, dass ich auch noch gelb blühende habe. Davon hätte sie ebenfalls gerne welche. Also gab ich ihm noch von dieser Sorte. Bald kam er erneut. Er wollte mir zeigen, wie gut die Blumen bei ihnen angegangen waren. Er zückte sein Handy, und ich sah mir die Fotos an.

Die freien Flächen auf dem Grundstück des Ehepaares waren nahezu vollständig von Schottersteinen bedeckt. In dieser grauweißen Ödnis hatten sie zwei Fleckchen freigeräumt und die Blumen hineingesetzt. Sie wuchsen wirklich schön, diese Wesen aus einer anderen, einer lebendigen Welt.

Tief in uns verborgen mag es eine Sehnsucht nach dem Paradiesgarten geben. Und ist dieses Verlangen auch noch so zugeschüttet und verdeckt, irgendwo in uns scheint jede und jeder zu spüren, dass wir Teil eines Lebendigen Ganzen sind. Und die Sehnsucht danach fasst manchmal sogar inmitten eines Steingartens Fuß.

Hausputz

Ich kannte eine junge Frau, deren Verlangen nach Sauberkeit erfasste alle Oberflächen in ihrer Wohnung, jede Stelle ihrer Kleidung und ihres Körpers. Für die Gesamtheit dieser Sphären hielt sie ein Arsenal an Reinigungsutensilien, Wasch- und Putzmitteln bereit. Kein Fleck, keine Fluse, kein bisschen Schmutz unter dem Fingernagel wurden geduldet. Die Furcht vor dem, was sie für Dreck hielt, schien alle Bereiche ihres Lebens zu durchdringen und zu bestimmen.

Bis man einen Blick in ihr Auto werfen durfte.

Hier waren sämtliche Sauberkeitsgebote aufgehoben. Die saloppe Bezeichnung »zugemüllt« bedeutete keine Übertreibung. Was sich im Fußraum vor dem Beifahrersitz angesammelt hatte, war Abfall aller Art, die Frage nach Reinlichkeit stellte sich gar nicht mehr.

Sie brauche das irgendwie als Ausgleich, erklärte sie mir verlegen lächelnd.

»Du musst unsere Kartoffeln nicht schälen und auch nicht waschen, bevor du sie kochst. Lass das bisschen Erde ruhig dran. Das ist vielleicht ganz gut zur Stärkung eurer Abwehrkräfte!«, meinte einer unserer Söhne, als ich gerade mit der Gemüsebürste losschrubben wollte.

Ich wusste, wie recht er hatte. Schließlich haben wir Menschen Tausende von Jahren mit Schmutz gelebt und haben das, was wir Dreck nennen, beiläufig zu uns genommen, sei es über die Nahrung, sei es über die Hände. Wir wissen mittlerweile, dass unsere Umwelt und unsere Körperoberfläche genauso wenig klinisch rein sind wie unser Körperinneres. Unsere Haut, unsere Mundhöhle und unseren Darm bevölkert eine Vielzahl anderer Lebewesen, vor allem Bakterien und Pilze, im Idealfall in einem vielfältigen Miteinander.

Was uns als Sauberkeit vorschwebt und was wir durch Reinigungsmittel zu erreichen suchen, beruht weitgehend auf einem Gemenge aus Ängsten und Konsumgewohnheiten und hat mit der Verbesserung von hygienischen Verhältnissen und der Eindämmung von Infektionskrankheiten nicht mehr viel zu tun. Inzwischen ist es das Übermaß an Reinigung, das unsere Gesundheit bedroht.

Meine Großmutter konnte noch gar nicht so viel säubern, weder sich noch das Haus. Dabei war den Menschen durchaus klar, dass Reinlichkeit nötig ist. Selbstverständlich wussten sie, dass es sonst zu Flöhen und Wanzen, zu Milben und Schimmel kommen konnte. Bei zahlreichen Tätigkeiten wurde penibel darauf geachtet, dass es sauber zuging. Zumal bei der Nahrungszubereitung. Vor allem beim Einmachen wurden die Gefäße und Küchenwerkzeuge mehrmals mit kochend heißem Wasser abgespült.

Jeden Frühling gab es das »Schummeln«, den großen Frühjahrsputz, der sich über einige Tage hinzog. Mit den ersten schönen Tagen im März oder manchmal auch erst im April war es so weit, die Männer und Frauen konnten in der Regel einschätzen, ob die Sonne nur für ein paar Stunden oder für ein paar Tage scheinen würde.

Sie kannten ihr Wetter.

An Ostern musste das Schummeln geschehen sein. Obwohl die Menschen des Rheiderlands auch in meiner Kindheit nie besonders religiös waren, gaben die Feiertage einen Rhythmus vor. Und der Frühjahrsputz vor Ostern war für die Frauen, für alle Frauen, ein unumgängliches Tun.

Als Erstes wurde ein stabiles Gestell aus Latten, anderthalb Meter hoch, nach draußen gebracht, »Rikkche« hieß es auf Plattdeutsch. Jede Familie besaß solch ein Rikkche. Es stand das Jahr über im Achterhuus und wurde nur an den Schummel-Tagen ins Freie getragen. War das Rikkche aufgeklappt, konnte alles Mögliche zum Lüften daran aufgehängt, darübergeworfen oder daran angelehnt werden.

Der Frühjahrsputz begann immer an einem Montag. Zuerst wurde das Schlafzimmer gereinigt. Meine Großmutter öffnete beide Flügel des einzigen Fensters sperrangelweit, damit die warme Frühlingsluft hereinströmte. Die Schlafkammer war der Raum, in dem es den Winter über am ehesten zu Schimmelpilz gekommen sein konnte, weil dieses Zimmer unbeheizt war und die Atemluft an den kalten Wänden kondensierte. Die Großmutter ergriff das erste der schweren Federbetten, trug es nach draußen und warf es über das Rikkche. Es folgten die dünnen, schon recht alten Kopfkissen, deren Füllung aus Gänsedaunen meist in einem Eck verklumpt war. Das Volumen der Kissen hatte arg gelitten im Laufe des Jahres. Vielleicht reichte das Geld bald für ein oder zwei neue Kopfkissen. Federbetten und Kopfkissen standen nun in der Sonne und wurden nach einer Weile umgedreht, sodass auch die andere Seite beschienen werden konnte.

Dann zerrten die Frauen die drei schweren Strohmatratzen aus den Betten und schleppten sie nach draußen. In den eisig kalten Schlafzimmern hatte sich die Feuchtigkeit auch in den Matratzen festgesetzt. Sie rochen muffig. Also wurden auch sie an das Rikkche gelehnt und ebenfalls irgendwann gewendet, damit die Sonne sie rundum erwärmte, die

Luft die Feuchtigkeit aufnahm und das Licht die Milben abtötete.

War alles draußen, nahm meine Großmutter den Besen und entfernte damit die Spinnen, die an der Decke ihre Netze gesponnen hatten. Sie hielt den Besen aus dem Fenster, rupfte Spinnen und Spinnweben heraus und ließ sie ins Freie gleiten. Danach fegte sie den Boden, kehrte mit dem »Stübberke«, einem kleinen Handbesen, Staub und Flusen auf das Kehrblech, hielt auch dieses aus dem Fenster und schob mit dem Stübberke das Zusammengekehrte nach draußen.

In der Zwischenzeit war Wasser auf dem Küchenofen heiß geworden. Sie goss es in einen Zinkeimer und schüttete ein wenig von dem einen Putzmittel, das die Frauen benutzten, aus der Dose dazu. Nun kamen Lappen für das Fenster und die Tür und der Feudel für den Boden zum Einsatz. War der Boden abgetrocknet, wurde er mit Wachs gebohnert. Einmal im Jahr hing dieser fremde, eigentümlich künstlich anmutende Geruch des Bohnerwachses in der Luft. Die Bettwäsche hatte in dem großen Bottich im Schuppen inzwischen lang genug gekocht, sie hing bereits auf der Leine.

Gegen Abend musste alles, was an diesem Tag dem Licht und der frischen Luft ausgesetzt gewesen war, wieder ins Haus getragen werden. Die Bettwäsche war mittlerweile getrocknet, Kopfkissen und Federbetten waren kräftig aufgeschüttelt worden.

Lag ich dann abends in solch einem Bett, mit diesem Geruch nach dem Draußen, dazu der Duft des gebohnerten Bodens, so war es, als läge ich in einem frisch gemachten Nest.

Am nächsten Tag kamen die wenigen Kleidungsstücke auf das Rikkche. Sie waren den Winter über klamm geworden. Nun hingen sie in Sonne und Wind. Darunter befand sich auch der schwarze Anzug meines Großvaters. Es war sein einziger Anzug, und er reichte ihm sein ganzes Männerleben lang.

Meine Großmutter nahm die weißen Mottenkugeln aus dem Kleiderschrank und ersetzte sie am Abend durch neue. Der Geruch der Mottenkugeln in den Kleidungsstücken wird mir bleiben. Er hing vor allem in den Teilen, die fast nie gebraucht wurden, im schwarzen Anzug, an dem einzigen Hütchen, das meine Großmutter besaß und das sie nur aufsetzte, wenn sie in die Kirche ging, was sehr selten vorkam. Zwei bessere Kleider, Sonntagskleider genannt, dazu ein schwarzes, wurden ebenfalls draußen aufgehängt. Die selbst gestrickte wollene Unterwäsche, die Socken, ein paar Pullover und die beiden Strickjacken wurden auf Mottenfraß durchgesehen. Hatten die kleinen silbrigen Nachtfalter Löcher ins Wollgewebe gefressen, bedeutete dies einen empfindlichen Verlust.

Nach dem Schlafzimmer begannen die Frauen Küche, Hinterhaus und Flur zu säubern.

Die Sisalläufer, von denen sich in den meisten Häuschen einer im Flur und einer in der Küche befand, kamen als Letztes ins Freie. Sie wurden aufgerollt, nach draußen getragen, über das Rikkche gehievt und dann mit dem »Mattenklopper« bearbeitet. Das war harte Arbeit. Dazu brauchte es nicht nur die Armkraft, sondern den Schwung des ganzen Körpers. Es wurde geklopft und geklopft und geklopft, bis die Schwaden nachließen und kein Staub mehr herauskam. Über das Jahr hinweg hatten sich viel Schmutz, Asche, Klei, Ruß vom Ofen und unsichtbarer Milbenkot festgesetzt.

Während dieser Tage, es waren immer mehrere Tage, bestimmte das Schummeln das Gespräch unter den Frauen: Hatte es Schimmelpilz gegeben? Reichte es, den Boden nur zu bohnern, oder musste er dieses Jahr frisch gestrichen werden? Wie stand es mit Mottenfraß? Und in welchem Zustand befanden sich die Matratzen und Federbetten?

Es war viel Arbeit, aber war sie getan, strahlte meine Großmutter. Wie alle Frauen im Dorf strahlten. Überall roch es nun so frisch, so sauber. Es roch nach Wind und Sonne.

Und alle fühlten sich nach dieser Reinigung des Hauses, nach Winter und Kälte, nach der Enge der Küche und der langen Dunkelheit auch selber gereinigt.

Ostern konnte kommen.

Grootbohnen

Der alte Mann sitzt in der Küche. Es ist ein Vormittag im Januar. Die Sonne ist dabei, jeden Tag ein wenig früher aufzugehen, sie wird jeden Abend ein wenig später untergehen. So wird auch die nächtliche Dunkelheit jeden Morgen ein wenig früher vorüber sein und jeden Abend ein wenig später kommen. In zwei Wochen beginnt der Lichtmonat: Eine Stunde länger hell wird es Ende Februar sein.

Der Ofen bollert. Der alte Mann kann die Flammen durch die Ritzen der Herdplatten sehen. Es ist heiß in der Küche. Und feucht. Das Wasser im Kessel hat zweimal kochen müssen. Zuerst für den Tee. Jetzt für den Abwasch. Die Eisblumen am Fenster sind nach und nach aufgetaut. Die Frau hat mehrmals das Wasser von der Fensterbank gewischt. Der alte Mann ist unzufrieden. Mürrisch. Sein Bein schmerzt. Seit Wochen hockt er so in der Küche. Die Frau ist auch jetzt, im Winter, den ganzen Tag über beschäftigt. Sie schält Kartoffeln, sie kocht, sie holt die Milch vom Bauern, sie macht Tee, sie strickt, sie wäscht ab, sie macht die Betten, sie beheizt den Ofen. Denn auch der Herd ist ihre Sache. Bei allen Familien ist die Frau für das Feuer zuständig. Er darf nur die Briketts aus dem Schuppen holen. Sogar die Asche schabt sie selber heraus und bringt sie auf den Misthaufen.

Draußen ist es bitterkalt. Seit dem dritten Advent friert es.

91

Als er jung war, konnte er im Winter Schlittschuh laufen. Da traf man die anderen. Da lief man weite Strecken.

Aber jetzt. Sein Bein schmerzt.

Der Boden ist gefroren.

Der alte Mann blickt nach draußen. Es wird ein kalter, aber schöner Tag werden. Der Himmel ist blau. Keine Wolke ist an diesem großen blauen Himmel. Rot ist die Sonne aufgegangen, jetzt steht sie hell, fast grell über allem. Der alte Mann steht auf. Geht in den Flur. Steigt die schmale Stiege hinauf, klappt die Dachluke hoch. Steht dann auf dem Dachboden. Eisig kalt ist es hier. Die Äpfel sind mit Säcken abgedeckt. Am Balken hängen Leinenbeutel. Er nimmt den größten davon und steigt vorsichtig wieder hinab.

Er zieht sich ein zweites Paar Wollsocken an, zieht die dicke Arbeitsjoppe an, setzt die Mütze auf und steigt in seine Holzschuhe. Dann nimmt er das Leinensäckchen und geht nach draußen. Er holt sich den Spaten aus dem Schuppen und geht zum Acker. Der Boden ist gefroren. Er glitzert.

Der alte Mann legt das Leinensäckchen am Ackerrand ab. Dann beginnt er mit dem Spaten ein Loch in den Acker zu hauen. Der Frost ist tief in den Boden gedrungen. So kann er mit dem Spaten immer nur ein kleines Stück Erde abschlagen. Und er schlägt ab. Stückchen für Stückchen. Bis das Loch groß genug ist. Bis das Loch faustgroß ist. Und dann schlägt der alte Mann weitere Löcher in den Boden. Er haut und sticht und bohrt mit dem Spaten in den Boden hinein. Alle Löcher schön in einer Reihe. Alle im selben Abstand. Er steht gebückt. Seine Ohren glühen. Sein Atem geht heftig. Seine Atemluft ist weißer Rauch in der Kälte. Und dann hat er eine erste Reihe Löcher in den Acker gestanzt. Ganz vorne am Acker. Ganz zu Beginn des Ackers. Nun nimmt er das Leinensäckchen und holt eine Handvoll Bohnen heraus. Es sind Dicke Bohnen. Sie haben im Sommer an den letzten Dicke-

Bohnen-Stämmen gehangen. Er wirft in jedes Loch eine Bohne. Nur eine einzige. Das reicht. Bei den grünen Bohnen wird er Wochen später sechs bis sieben in ein Loch schmeißen. Aber bei den Dicken Bohnen reicht eine. Diese eine wird keimen.

Dann beginnt der alte Mann, eine zweite Reihe Löcher in den Grund zu hauen. Diese immer versetzt zur ersten Reihe. Und mit der gefrorenen Erde der zweiten Reihe füllt er die Löcher der ersten. Lange geht das so. So lange, bis das Leinensäckchen leer ist. Und er die letzten Löcher zuschiebt, ohne neue zu graben.

Der alte Mann stützt sich auf seinen Spaten und betrachtet seine Arbeit. Die Dicken Bohnen haben für das vordere Stück des Ackers gereicht. Er ist zufrieden.

Er blickt hoch. Der Himmel ist blau. Das Licht so hell. Fast grell. Sein Blick geht weit. Und er nimmt seinen Spaten, streckt sich und geht zurück zum Haus.

Dieser Greis war mein Urgroßvater.

Die Dicke Bohne ist eine in ganz Europa verbreitete Kulturpflanze. In Deutschland nennt man sie auch Saubohne, Ackerbohne, Puffbohne, Große Bohne, Grootbohn. Sie war schon lange vor der Kartoffel da. Die niedrig wachsende Sorte wurde an das Vieh verfüttert, deshalb hieß die Pflanze im Volksmund auch Peerbohn, Pferdebohne. Die Menschen aßen die größere Bohnen tragenden Sorten. Noch in den 1960er-Jahren sah man sie in Ostfriesland überall in den Gärten. Sie wächst gut auf den schweren Marschböden, kommt mit der salzigen Seeluft klar und lässt sich einfach anbauen und ernten.

Ich weiß noch, wie die Grootbohnen beim Kochen rochen. Ich mochte den Geruch nicht. Und ich mochte den Geschmack nicht. Mein Großvater sagte immer, wenn er mich vor dem Teller sitzen sah, nur in den Kartoffeln herumstochernd: »In jede Bohn is een Drüpp Blood.« Aber auch dieses Bild der Alten dafür, wie außergewöhnlich gesund dieses Gemüse sei, half mir damals nicht.

»Puffbohnen sind heute rar und teuer«, erklärte mir einer unserer Söhne, »früher waren sie ein Essen für die Armen, heute gelten sie als Delikatesse.«

Wenn das meine Urgroßeltern oder Großeltern wüssten. Ihre Grootbohnen als Gourmetgemüse in großstädtischen Edelrestaurants. Wenn das kein Wandel ist. Aber die Dicke Bohne ist längst nicht überall in Europa so verpönt oder gar in Vergessenheit geraten wie bei uns. Die Engländer schätzen sie. Zur Krönung Charles' des Dritten aß man in ganz England als königliches Gericht eine Quiche mit Spinat und Dicken Bohnen.

Schon Ende Mai sind die ersten Bohnen reif. Aus irgendeinem Grund war meine Großmutter der Meinung, Grootbohnen schmeckten nur mit den verschrumpelten Kartoffeln des Vorjahres. Dafür mussten einige aufbewahrt werden. Auch wenn Mitte Juni die ersten neuen Kartoffeln geerntet werden konnten, zu den Grootbohnen gab es die alten. Und immer gekocht mit fettem Speck.

Sosehr ich den Geschmack verabscheute, die Pflanze mochte ich als Kind. Sie wuchs so wunderbar hoch, anderthalb Meter, das war höher, als ich groß war. Und sie hatte schöne weiße oder rote Blüten, in denen ich die Hummeln verschwinden sah. Manchmal saugten an einigen Pflanzenspitzen schwarze Läuse, mein Großvater kniff die Spitzen dann ab und warf sie auf den Boden. Er erklärte mir, dass das an dem warmen und feuchten Wetter der letzten Wochen liege. Grootbohnen mögen es kühl und trocken.

Sobald ausreichend viele Schoten reif waren, durfte ich mit dem Zinkeimer an den Pflanzenreihen entlanggehen

und die dicksten Schoten, die immer unten saßen, abpflü-
cken. Hatte ich meinen Eimer voll, begann ich mit dem Pulen. Ich schüttete die Bohnen in eine Holzschüssel, setzte
mich auf einen Stuhl, nahm eine der großen, dunkelgrünen,
rauen Schoten und drückte leicht auf ihre Naht. Die Hülse
öffnete sich, in beiden Hälften lagen die Bohnen.

Aber wie lagen sie darin! Wie in einem Bettchen, in einer
flaumigen Schicht, wie in Watte verpackt, vor allem Unbill
geborgen, die neuen Dicken Bohnen! Ganz zart, hellgrün,
nierenförmig, vier bis fünf Kerne in einer Hülsenhälfte. Ich
schob die Früchte mit dem Daumen hinaus. Die schöne, weiche Unterschicht strich ich dabei unweigerlich mit flach. Ich
mochte es nicht nur, ich liebte es, die Bohnen zu pulen: auf
meiner linken Seite der Eimer mit den leeren Hülsen, auf
dem Schoß die Schüssel mit den glänzend nackten Bohnen.

In den Gemüsebeeten unseres Gartens bauen wir jedes
Jahr Dicke Bohnen an. Da ich sie anders als meine Großmutter zubereite, esse ich sie mittlerweile gerne. Und anders als
im unkrautfrei gehackten Acker meiner Großeltern wächst
hier bei uns das Vergissmeinnicht unter den hohen Pflanzen.
Mit seinen hellblauen Blümchen ist es vielleicht die anmu-
tigste Wildpflanze im Garten. Es hat sich stark ausgebreitet
und blüht im April und Mai auch in den Beeten. Unter den
Dicken Bohnen ist es kühl und schattig. Oben leuchten die
Blüten der Bohnen, und unten lugt das Vergissmeinnicht her-
vor.

Der Grund

Als wir hierhergezogen waren, legten wir sogleich Gemüsebeete an. Damals, in den 1990er-Jahren, gab es noch einige im Dorf, die Kartoffeln, Bohnen, Zwiebeln, Kohl und Rote Beete anbauten. Aber es waren ausschließlich die alten Leute, die dies noch so weitermachten, wie sie es immer gemacht hatten.

Jeder unserer kleinen Söhne bekam sein eigenes Beet. Sie durften säen, was sie wollten. Am liebsten waren ihnen grüne Erbsen. Im Sommer pflückten sie die reifen Schoten, öffneten sie, dabei knackten diese verheißungsvoll, und schoben sich die süßen Erbsen gleich in den Mund.

Wir probierten einiges aus: Möhren, Petersilie, Salate, Rote Beete, Kürbis, Kartoffeln, Bohnen. Das meiste gedieh gut. Im Herbst machten wir die Beete sauber, entfernten die Kohlstrünke, den in Saat geschossenen Salat, pflückten die letzten Bohnen und rissen irgendwann auch die vertrockneten Bohnenbüsche heraus. Die Pflanzenreste warfen wir auf den Kompost. Wir machten es so, wie ich es noch aus meiner Kindheit kannte.

Unbewusst stellte ich mich dabei in eine Tradition, die recht rigide war, indem sie klare Regeln vorgab. Es brauchte Zeit, bis ich anfing, die Beete als ein Versuchsfeld zu begreifen.

Hier konnte ich Verschiedenes ausprobieren, konnte entscheiden, welche Figürchen ich aufs Spielfeld stellte. Wer darf wachsen, wer nicht. Was wächst geplant und was kommt unkontrolliert herein. Es dauerte, bis ich die Beete nicht mehr nur als Produktionsstätten von Gemüse ansah, sondern ihnen ein Eigenleben zugestand. Ich begann allmählich zu verstehen, dass Gemüseanbau weit mehr ist, als ein paar Samen in die Erde zu bringen oder vorgezogene Pflänzchen in einem Beet weiterwachsen zu lassen, um sie irgendwann später zu ernten und zu essen.

Das Anlegen der Beete bedeutete, einen separaten Raum zu schaffen, ein kleines Reich vereinfachter Natur. Sie stellten einen überschaubaren Bereich dar, in dem ich weiterlernte, mehr erfuhr über den Boden, über Wildkräuter und Mischkulturen, wo ich Erfolge, aber auch Misserfolge aufmerksam verzeichnete.

Ich lernte, so gut ich konnte, aber für grundsätzliche Dinge blieb ich anfangs blind.

Jahre später stand unser jüngerer Sohn vor den Beeten und betrachtete sie.

»Es hat lange nicht geregnet, und ihr seht ja, wie der Kleiboden geworden ist, trocken und steinhart. Überall tiefe Risse.«

Er bückte sich und klopfte mit den Fingerknöcheln auf den Grund.

»Man kann sogar hören, wie hart die Erde ist. Wie soll da etwas wachsen? Wie sollen hier Samen keimen? Wie sollen sich die Wurzeln der jungen Kohlpflänzchen weiter ausbreiten? Ihr könnt ständig mit der Gießkanne rennen und das Wasser verplempern, in dieser Gegend ist ja noch genug da. Ihr solltet euch aber zuerst einmal um den Boden kümmern, der ist das Wichtigste. In euren Beeten liegt er nackt da. Es ist aber nicht gut, wenn die Erde nicht bedeckt ist. Es sollte immer alles bedeckt sein. Sonst ist keine Schutzschicht vorhanden.«

Er tippte mit der Schuhspitze auf eine freie Stelle.

»Der obere Boden, die Humusschicht, ist das Allerwichtigste. Aus ihr heraus muss alles keimen, wachsen und gedeihen. Und dazu braucht es Lebewesen, Bakterien und Pilze, Ameisen und Kellerasseln und die besonders wichtigen Regenwürmer. Ohne sie lebt kein Boden. Und damit sie dort sein können, brauchen sie Schutz. Wir müssen den Boden als etwas Organisches begreifen. So wie wir eine Haut mit mehreren Schichten haben, so hat auch der Boden mehrere Schichten. Wir dürfen dem Boden nicht seine oberste Hautschicht abziehen. Sie ist sein Fell, sie ist sein Schutz sowohl vor Hitze als auch vor Kälte. Du legst dich im Hochsommer auch nicht stundenlang in die pralle Sonne und riskierst Sonnenbrand und Hitzschlag. Und im Winter brauchst du Jacke und Mütze. Dich zwingt auch niemand, in der Kälte nackt herumzulaufen. Also zwinge auch du diesen Boden nicht zur Nacktheit, weder im Sommer noch im Winter.«

Das war deutlich. Ich schämte mich. Dieses Wissen war schon lange zugänglich, aber ich hatte mich nicht um seine Anwendung gekümmert. Ich wusste so wenig vom Boden, von seiner Empfindlichkeit. Ich hatte ihn wie ein unerschöpfliches Reservoir behandelt, ich pflanzte immer wieder ein, es wuchs, ich holte heraus. Ich gab aber nichts. Ich gab dem Boden nichts zurück. Ich war nur am Nehmen. Der Boden darbte. Und ich hatte es nicht gemerkt. Ich war mir dessen nicht bewusst gewesen. Meine Großeltern hatten zumindest im Herbst den Misthaufen mit dem Schweinemist und dem Inhalt des Plumpsklos auf dem Acker verteilt. Wir aber gaben nichts.

Also begannen wir, uns um den Boden zu kümmern. Zuerst einmal deckten wir die blanke Erde ab. Als wir den Rasen noch mähten, konnten wir hierzu den Rasenschnitt nutzen und verteilten ihn zwischen den Kartoffelstämmen, den Salatköpfen und dem anderen Gemüse. Später blieb uns hierfür nur noch das Gras von den neu geschaffenen Wegen durch die Wiese. Doch die Menge reichte nicht. Das Gras vertrocknete schnell und fiel in sich zusammen. Im Herbst kam noch das Laub dazu und ab und an eine Schubkarre von unserem Kompost.

»Wenn ihr die Beikräuter jätet, legt sie neben den Kohl, sie werden zersetzt und so dem Boden in anderer Form erhalten bleiben«, riet uns unser Sohn.

Noch immer war es zu wenig. Bald sah ich wieder trockene schwarze Erde brach daliegen.

Erst als wir begannen, Äste und Zweige zu schreddern, entnahmen wir dem Garten genug, um seinen Boden in den Beeten zu schützen. Gegen Ende des Jahres beschneiden wir einen Teil der Bäume und Sträucher. Anfangs hatten wir das Abgeschnittene am Rand des Grundstücks zu Haufen geschichtet. Insekten, Vögel und der Igel würden es schon zu nutzen wissen. Jetzt kauften wir eine kleine Maschine, einen Häcksler, und begannen, einen Teil des Schnittguts zu zerkleinern. Die Zweige werden oben in eine Art Trichter gesteckt, von einem Walzenwerk zerkleinert und kommen unten als fingergliedlange Holzstückchen wieder heraus.

Man muss dabei langsam arbeiten, nicht zu viel auf einmal und nicht zu dicke Äste hineinstopfen, sonst blockiert die Walze. Dann kann es äußerst mühsam werden, das halb Hineingezogene wieder herauszubekommen, denn es hat sich verkeilt. Immer wieder passierte mir das, und der Verdruss über meine Unachtsamkeit brachte mich manchmal schier zur Verzweiflung. Dann stand ich da vor dem eigentlich simplen Maschinchen, oben ragten die Äste heraus, sie waren wieder einmal zu dick oder zu viele gewesen, und der Motor stand still.

Dabei kann diese Arbeit etwas ausgesprochen Beruhigendes haben. Unser Häcksler macht ein nicht allzu lautes gleichbleibendes Geräusch und gibt das bescheidene Tempo vor. Mittlerweile gelingt es mir, diese Arbeit zu würdigen. In all den Jahren hatte sie mich, fast wie eine Art von Spiegel, auf eine in mir lauernde Ungeduld hingewiesen. Doch es half nichts, ich musste mich dem Takt dieser einfachen Maschine anpassen, umgekehrt ging es nicht.

Bäume und Büsche erhalten Wasser und Nährstoffe durch eine dünne Schicht unter ihrer Rinde. Hier wird auch der Zucker, der in den Blättern mithilfe des Lichts produziert wird, nach unten in die Wurzeln geleitet. Schreddern wir Zweige und Ästchen, so ist der Anteil der Rinde im Verhältnis zur verholzten Substanz sehr hoch. Diese Rindenstückchen sind weich und reich an Inhaltsstoffen.

Durch das Schreddern bekommt man eine deutliche Vorstellung von der Härte der unterschiedlichen Äste und Zweige. Holunder wächst schnell, deshalb ist sein Holz sehr weich und knackig frisch. Ahorne sind von mittlerer Härte, Eiche und Kirsche wachsen langsam, ihr Holz ist bemerkenswert hart, und das Zerkleinern dauert länger.

Aus dem Geschredderten steigt der Geruch der Gehölze auf. Er ähnelt dem des Waldes nach einem Regenguss. Jedes Holz duftet anders. Ätherisch, fast wie ein Badezusatz, entströmt es einem Kiefernast oder der Walnuss. Äste vom Apfelbaum riechen nach seinen Früchten, Kirsche oder Johannisbeere nach Mandeln. Dieses wohlriechende Gut verteilen wir im Herbst auf die Beete. So hat die Erde den Winter über einen Schutz vor starkem Regen, Hagel, Sturm und

Wind. Unter diesen Holzstückchen kann sich mit der ihr eigenen Kraft die Welt der Mikroben, Pilze und Kleinstlebewesen behaupten. Sie zersetzen das Holz, wandeln es um und führen dem Boden dadurch Nährstoffe und Mineralien zu. Die Bodenwelt verdaut diese Stückchen geradezu. Nur wenig von dem Geschredderten bleibt das Jahr über sichtbar erhalten. Erst in den nächsten kalten Monaten wird Nachschub auf die Beete kommen.

Das Beschneiden der Bäume und Büsche sollte im Winter stattfinden, da dann die meisten Pflanzen weitgehend ruhen. Mit dem Austrieb im Frühling stehen sie bald voll im Saft, sind weicher und feuchter. Besonders Holunder und Weide ziehen dann viel Wasser. Durch die wärmer gewordenen Winter treiben mittlerweile fast alle Gewächse früher aus. Zuletzt haben wir den Holunder und die Weiden erst im Februar zurückgeschnitten, beide waren schon am Austreiben. Diese Äste ließen sich nicht mehr schreddern, ihr Wassergehalt war zu hoch. Es entstand eine Pampe aus Fasern und Weidenkätzchen, die das Mahlwerk des Häckslers verstopfte.

Mit dem Ausbringen des Geschredderten erfüllen wir eine Aufgabe, die in einem Mischwald zum Kreislauf der Vegetation gehört. Dort ist es das Herbstlaub, das auf den Boden fällt und ihn düngt. Hinzu kommen Bucheckern und Eicheln, auch abgestorbene Äste lösen sich und fallen herab. Es braucht einige Jahre, bis sich dicke Äste zersetzt haben. Im Mischwald würden Bäume und Büsche sich von selbst verbreiten und für die Bedeckung des Bodens sorgen. Mit dem Ausbringen des Gehäckselten beschleunigen wir diesen Prozess. Auf kultivierten Flächen findet er nicht mehr statt. Ohne unsere Unterstützung, ohne unser Eingreifen, war ja auch bei uns in den Beeten viel Grund kahl und nackt liegen geblieben.

Bodenkundler sagen, dass sich in einer Handvoll fruchtbaren Bodens Milliarden von Bakterien, Viren, Pilzen, Algen und Einzellern befinden. Wir können diese Überfülle nicht mit bloßem Auge erkennen. Sie ähnelt dem Leben in unserem Darm, auf unserer Haut, in unserer Mundhöhle und in weiteren Regionen unseres Körpers.

Die Bakterien im Boden sehe ich nicht, aber die Regenwürmer, die vielleicht größten Helfer, kann ich gut erkennen. Einmal, als die Kinder noch klein waren, kamen sie angelaufen und riefen: »Mama, du musst sofort kommen, wir haben eine Schlange gefunden!« Es war ein unfassbar langer und dicker Regenwurm, den sie aus dem Schloot vor dem Ertrinken gerettet hatten. Ich nahm das Tier in die Hand. Es schlängelte sich, nach Deckung suchend, hin und her, dehnte sich und zog sich erneut zusammen. Mit den Fingerspitzen war die Kraft, die in diesen Bewegungen steckte, zu spüren. Beständig durchwühlen diese Tiere den Boden und durchlüften ihn. Ihre Gänge sorgen dafür, dass das Regenwasser besser versickern kann. An der Oberfläche verleiben sie sich die verrottenden Pflanzen ein, verdauen sie in ihrem Darm, der den ganzen Körper durchzieht, und scheiden das Verdaute wieder aus. Dies ist feinkrümeliger, bester Humus.

Ohne Regenwürmer, ohne Kellerasseln, Ameisen, Laufkäfer, Hundertfüßer, verschiedene Spinnenarten und winzige Maden, ohne diese Vielzahl an sichtbarem und unsichtbarem Lebendigen ist der Boden tot.

Guter Boden sollte riechen wie ein Kartoffelkeller. Aber da kaum mehr jemand einen Kartoffelkeller hat, kennt auch kaum noch jemand diesen eigentümlichen Geruch. Ich habe ihn aus meiner Kindheit und durch meine Gartengegenwart in der Nase. Oft nehme ich eine Handvoll Erde in die Hand oder rieche an einem ausgegrabenen Wurzelstock. Der aufsteigende Duft verbindet sich im Nu mit der Erinnerung an den Geruch, der den Keller meiner Großeltern erfüllte.

Nur wenn der Boden fruchtbar bleibt, können Pflanzen, Tiere und Pilze ihrer Bestimmung der dauernden Umwandlung nachkommen. Anders als in unserer Anfangszeit sind die Beete keine abgeräumten Flächen mehr. Damals hatten auch wir den Boden nur benutzt und ausgenutzt. Auch wir hatten ihm keine Eigenwirklichkeit zugesprochen. Auch bei uns lag er von Oktober bis März kahl da, ungeschützt, darbend. Und mit ihm kümmerten die Lebewesen in ihm.

Irgendwann in den letzten Jahren ergab sich folgender Dialog mit einem unserer Söhne:

»Euer Badezimmer im Erdgeschoss ist eigentlich sehr groß. Da ist noch viel freier Platz. Da könntet ihr doch noch etwas aufstellen.«

»An was denkst du?«

»Da ist eine Toilette drin. Gegenüber von ihr wäre noch genug Platz für ein zweites Klo.«

»Du meinst, für ein Plumpsklo?«

»Es gibt heute sehr gut durchdachte Trockenklos. Die riechen überhaupt nicht. Das Feste und das Flüssige werden in getrennten Behältern aufgefangen. Überlege mal, wie viel Trinkwasser ihr jeden Tag über das WC in die Kanalisation spült.«

»Vielleicht ein Trockenklo im Schuppen?«

»Aber würdet ihr da denn hingehen?«

»Ich weiß nicht, wohl eher nicht. Vor allem im Winter nicht.«

»Ihr könnt das WC ja im Bad lassen. Für die Gäste. Überlege mal, ihr ernährt euch gut, ihr nehmt keine Medikamente. Ihr produziert hochwertigen Dünger. Sowohl euer Urin als auch euer Kot wären prima für den Boden.«

»Ich verstehe, aber darüber muss ich nachdenken.«

Es sind solche Aufforderungen, bei denen ich erst einmal schlucken muss. Dabei wusste ich sofort, dass er recht hatte. Ob Schweinemist, Hühnermist, Pferdemist oder eben Menschenmist, alles kann zu wertvollem Dünger werden. Aber sollen wir jetzt, in dieser Gegenwart, als Kinder der Moderne, unsere Körperausscheidungen sammeln? Wo uns doch das Spülklosett eine Selbstverständlichkeit ist. Mit der Vorstellung, ein Trockenklo zu benutzen, verbindet sich sofort ein Anflug von Ekel. Was sich Fortschritt nennt, entfremdet uns offensichtlich von etwas Intim-Eigenem.

Wie alle Bewohner des Dorfes mussten auch meine Großeltern in den 1970er-Jahren ein Wasserklosett und ein Auffangbecken für die Ausscheidungen einbauen lassen. Alle paar Monate kam ein Lastwagen, pumpte dieses Becken leer und transportierte die Fäkalien ab. Erst spät folgte der Anschluss der Häuser an die Kanalisation.

Doch meine Großeltern benutzten weiterhin das Plumpsklo. Es war ihnen angenehmer. Der Raum mit dem neuen Spülklosett war weiß gekachelt und suggerierte auf eine neue Weise Reinheit. Aber die gewohnte Holzbrille war ihnen lieber als die Klobrille aus kaltem Plastik.

Der alte Mann aus dem Dorf stand vor unserem Kartoffelbeet und meinte, keines seiner Kinder wolle noch Kartoffeln anbauen. Und keines seiner Kinder könne noch Kartoffeln anbauen.

Dabei sind sie so offensichtlich Wunderwerke der Natur. Die nahrhaften und gesunden Knollen machen satt, aber nicht dick. Die robuste Pflanze wächst schnell. Ihr dichtes Blattwerk bildet einen Schutz gegen das Austrocknen des Bodens. Die Wurzelknollen, die wir ernten wollen, wachsen im Dunkeln heran. Oben im Licht bilden sich am Ende des

Sommers die Kartoffelblüten und im Herbst die ungenieß-
baren Beeren mit den Samen. »Gah daar neet ran, dat is giftig«, wurde ich als Kind gewarnt.

Unseren Söhnen war das Ernten der Erbsen das Liebste.
Danach aber kam gleich das Ausheben der Kartoffelstämme.
Wenn man die Forke vorsichtig in die Erde sticht und die
Pflanze hochhebt, birgt man einen Schatz. Die eine Setzkartoffel hat in wenigen Monaten ihr unterirdisches Reich gebaut, es besteht aus bis zu einem Dutzend Neulingen. Ihr
Wurzelwerk hat die Erde gelockert. Je nach Sorte sind die
Knollen klein, groß, kugelig oder eiförmig, manche ähneln
einem Herzen, einem Bauch mit Kopf oder einem Rumpf mit
zwei Beinen. Ihre Farben umfassen Schattierungen von Hell-
bis Dunkelgelb, von rötlich bis lilafarben, und gekocht sind
sie fest bis mehlig. Nach dem Herausheben sammelt man die
Knollen, wühlt noch ein wenig in der Erde nach denen, die
nicht sichtbar mit aufgeworfen worden sind, füllt sie in einen
Behälter und isst sie, wenn möglich, schon nach wenigen
Stunden. Denn frisch aus der Erde schmecken sie am besten.

Die für uns selbstverständliche Kartoffel ist keine heimische
Pflanze, sondern eine Einwanderin. Sie kam aus Südamerika
nach Spanien. Sie war, wie alle Kulturpflanzen, einst eine
Wildpflanze, deren Urform noch in einigen Regionen im Ur-
wald wächst. Ihre domestizierten Formen sind heute Grund-
nahrungsmittel nicht nur in Europa. Sie scheint uns wohl-
gesinnt. Sie braucht kaum Pflege, ist verlässlich, robust,
lagerfähig und passt sich unterschiedlichen klimatischen
Bedingungen an. In einem kleinen Garten, sogar auf einem
Balkon, können Kartoffeln auch in Eimern oder in einem
Kartoffelturm angebaut werden.

Beim Kartoffelanbau denken wir an ein Feld, ausschließlich mit Kartoffeln bepflanzt, also an eine Monokultur. Un-

sere Söhne erklärten mir, dass die Pflanze in Südamerika, in ihren Ursprungsgebieten, traditionell zusammen mit anderen Pflanzen angebaut wird. Auch bei uns lässt sie sich gut mit Kohlrabi, Spitzkohl, Wirsing oder Mais kombinieren. Diese Gewächse harmonieren nicht nur, sie unterstützen sich sogar gegenseitig. Ich habe mich schnell an den Anblick gewöhnt, den von Kohlpflanzen umgebene Kartoffeln bieten. Ein gemischtes Beet ist schön anzusehen, seine Vielfalt dem geneigten Auge ein Wohlgefallen.

An der Kartoffel zeigt sich auch, wie sehr die Qualität eines pflanzlichen Nahrungsmittels davon abhängt, unter welchen Bedingungen es heranwächst. Kartoffeln aus konventionellem Anbau schmecken nicht selten fade und wässerig. Das ist nicht nur der Sorte, sondern mehr noch der Beschaffenheit des Bodens geschuldet. Man versucht seine Armut und Übernutzung durch Mineraldünger auszugleichen und zwingt die Pflanze zu besonders schnellem Wachstum. Ihrer Anfälligkeit für Krankheiten, wie Pilzbefall, die hieraus resultiert, wird mit Giften begegnet, die dem Leben im Boden weiter schaden. So kann keine fruchtbare Erde, kein Humus, entstehen. Selbst ursprünglich reiche Böden beginnen zu verarmen.

Im Rheiderland sind die Böden von Natur aus hervorragend. Das ganze Ausmaß der Schäden wird sich hier auf den industriell bearbeiteten Äckern erst später zeigen als in Regionen, deren Böden schon immer nährstoffarm waren.

Der Kohlstrunk

Erntet den Kohl, indem ihr nur den Kohlkopf heraus-
schneidet«, rieten mir unsere Söhne, »lasst die äußeren
Blätter weiterwachsen. Lasst die Pflanzen im Beet. Dort
sollte immer etwas wachsen, die Beete sollten nie leer sein,
auch im Winter nicht. Der Boden ist das Wichtigste. Und der
Boden liebt es, bewachsen zu sein. Das ist sein Leben, man
könnte auch sagen, das ist seine Bestimmung. Ohne Bewuchs
kann er nicht atmen. Ohne Bewuchs verkümmert er.«

Ich hatte verstanden, dass das unterirdische Bodenleben nie
völlig ruht, auch in den kalten Monaten nicht. Also ließ ich
den Strunk und die unteren Blätter stehen, wenn ich einen
Weißkohl erntete. Ich wusste, seine Wurzel ist dick und fest,
fast ein wenig borstig. Sie passt zum Gesamtbild der Pflanze.
Sie entspricht dem, was im Licht gewachsen ist, der festen
Kugel, bei der sich Blattschicht um Blattschicht legt.

Seit wann mag es in der Geschichte, die diese Pflanze mit dem
Menschen teilt, schon solch kugelförmige Köpfe geben, wie
sie Wirsing, Weiß- und Rotkohl heute besitzen? Wildkohl mit
locker angeordneten festen Blättern findet sich noch heute in
einigen Mittelmeerländern. Irgendwann muss der Mensch
begonnen haben, den Kohl so zu züchten, dass er diese neue

geschlossene Form ausbildete. Da die meisten Kohlarten bei Minustemperaturen abfrieren, war und ist es nötig, dieses Gemüse im Herbst zu ernten. An frostfreien Plätzen können die Kohlköpfe gut gelagert werden und so für ein paar Monate zur Verfügung stehen. Dies wäre mit einzelnen Blättern nicht möglich gewesen, sie wären verfault. Die kompakte Masse eines Kopfes schützt sich selbst. Und sie spendet uns viel mehr Nahrung als eine Pflanze mit separaten Blättern.

Irgendwann haben unsere Vorfahren das Fermentieren entdeckt. Ich kenne diese Konservierungsmethode aus meinen Kinderjahren. Weißkohl wird ganz fein geschnitten, mit Salz gemischt, in einen Steinguttopf geschichtet, der luftdicht verschlossen wird. So kann der Kohl mithilfe von Milchsäurebakterien zu Sauerkraut werden.

Ein Kohlstrunk sitzt oft so fest im Boden, dass meine Kraft nicht ausreicht, um ihn mit den Händen aus dem schweren lehmigen Grund zu ziehen. Es braucht die Forke als Hebel. Der zwei oder gar drei Daumen dicke Strunk erinnert mehr an einen kleinen Baumstamm als an eine Gemüsepflanze. Sein faseriges Inneres umschließt eine feste Hülle, die bisweilen einer alten, groben Baumrinde ähnelt. Mancher Strunk sieht so schrumpelig aus, dass jemand, der noch nie ein derartiges Gewächs gesehen hat, denken könnte, es wäre schon mehrere Jahre alt.

Dabei hat die Pflanze hierfür nur einen Sommer gebraucht. Im April als winziger Same gesät, ist sie nach vierzehn Tagen zur kleinen mehrblättrigen Pflanze herangereift und dann in knapp zwei Monaten zu einem festen Stamm mit Kohlkopf geworden. Je nach Kohlsorte wird dieser Strunk unterschiedlich hoch. Bei Wirsing, Weißkohl, Spitzkohl und Rotkohl sind es oft nur einige Zentimeter, dann kommt der Kohlkopf. Beim Rosenkohl hingegen wächst der Strunk viel höher, bis zu einem halben Meter. Jede einzelne Rosenkohlknospe bildet sich als eine Sprosse entlang dieses Strunkes aus. Ich habe ihn einige Male angebaut, aber Rosenkohl schien mir schwer zu kultivieren. Bei mir blieben die einzelnen Röschen klein und ließen sich nur mühsam entfernen.

Kohl ist trotz seines robusten Aussehens eine anspruchsvolle Pflanze, ein empfindsames Geschöpf. Damit ein schöner fester Rotkohl oder Weißkohl ohne Schneckenfraß, ohne Raupenbefall, ohne überreif zu platzen hochkommt, braucht es viel Erfahrung, einen nährstoffreichen Boden und Glück mit dem Wetter. Denn ein regnerisches Jahr führt nun einmal zu mehr Schnecken. Und ein Jahr mit vielen Schmetterlingen sorgt meist für viele Raupen des Kohlweißlings. Die Pflänzchen brauchen Glück, um ihre volle Größe zu erreichen, ohne vorher vertilgt zu werden. Bei Kälte stagniert das Wachstum, ebenso bei Hitze und Trockenheit. Dann ist neben einer dicken Mulchschicht auch die Gießkanne vonnöten. Fast scheint es, als brauche der Kohl Pflege und Liebe, um zu gedeihen.

Gleichzeitig genießt er keinen guten Ruf. Wahrscheinlich liegt dies an dem Geruch, der beim Kochen entsteht. Außer Zwiebeln und Rüben kenne ich kein Gemüse, das bei der Zubereitung einen so ausgeprägten Eigengeruch entwickelt.

In den letzten Jahrzehnten hat die Abneigung gegen den Geruch von gekochten Speisen stark zugenommen. Der Einbau von Dunstabzugshauben in den Küchen zeugt davon. Aber vielleicht sind es gerade diese Entlüftungsmöglichkeiten, die überhaupt erst dazu geführt haben, dass man Essensdünste aus den Wohnungen verbannen will. Einfach weil die Nasen sich entwöhnen konnten. Ich habe kein Problem damit, wenn sich der Geruch von der Küche aus auch in andere Räume verteilt, sei es nun der von frisch gebackenem Kuchen oder der von angebratenen Zwiebeln. Im Gegenteil, ich mag es. Für mich gehört es zur Zubereitung von Nahrung dazu.

Denn was ich rieche, kündigt mir an, was da bald auf dem Teller liegen wird und was es für mich bedeutet. Die Aromen schon vor dem eigentlichen Essen aufzunehmen, empfinde ich als eine Bereicherung. Den Geruch zu verhindern, erscheint mir wie eine unnötige Beschneidung der Erfahrung. Essen ist stets auch Riechen.

Ich folgte dem Rat unserer Söhne und ließ fortan die Kohlpflanzen nach der Ernte weiterwachsen. Den Strunk und die unteren Blätter ließ ich stehen. Bei einem Spitzkohl geschah dies schon Ende Mai. Ich wusste nicht, was danach passieren würde. Bisher hatte ich immer gedacht, nach der Ernte des Kohlkopfes habe die Pflanze ihre Pflicht getan und könne nun entfernt werden.

Ich begann, das weitere Wachstum der beschnittenen Pflanze in den Blick zu nehmen und ihr Raum in meinem Bewusstsein zu geben. Bis jetzt hatte ich ihr Leben nach der Ernte rigoros beendet. Vieles, was darüber hinausging, war mir in der doch recht langen Zeit ihres Wachsens nicht aufgefallen, ich hatte weder Aufmerksamkeit noch weitere Gedanken darauf verschwendet. Ich beschnitt die Pflanze und beschnitt damit gleichzeitig meine Wahrnehmung. Wieder einmal war mir nicht klar gewesen, wie wenig ich über ein Gartengeschöpf und über unser Miteinander wusste.

Eine erste Neugierde regte sich. Was würde geschehen? Es war ein Versuch nur für mich, ich hatte nichts Bestimmtes vor. Hier im überschaubaren Feld der Beete musste ich nichts Besonderes erreichen, ich konnte nicht viel verlieren. Ich konnte die Probe machen und dem Pflanzenleben seinen mir noch unbekannten neuen Ablauf lassen.

Der Spitzkohl, mit dem ich den Anfang gemacht hatte, trieb nach wenigen Tagen dort, wo der Strunk abgeschnitten worden war, kleine Blätter aus. Es sah ähnlich aus wie bei einem abgesägten Baum, dessen Stumpf frische Zweige entsprießen. Die hellgrünen Blättchen wurden größer, weitere wuchsen nach, und alle ordneten sich zu kleinen Kohlköpfchen. So etwas hatte ich noch nie gesehen. Es waren sechs zierliche Köpfe, die sich wie eine Rosette um den Strunk anordneten. Nach und nach wurden sie fester, ich konnte sie nun ernten und essen, wenn ich wollte.

Dass Pflanzen, die ich abgeschnitten hatte, auf eine überraschende Weise weiterwuchsen, hatte ich schon beobachtet. Oft genügt es, nur einen Teil der Pflanze ins Wasser zu stellen, und schon treibt sie Wurzeln aus. Ein vergleichbares Phänomen konnte ich jetzt bei diesem Spitzkohl sehen.

Der erste, der große Kopf war nur eine Episode in seinem Leben gewesen. Nun, wo ich diese beendet hatte, wuchs er auf eine andere Art weiter.

Ich ließ ihn den ganzen Winter über stehen, die Köpfchen hatte ich geerntet. Im Frühjahr schoss das Gewächs in Saat. Dünne Stängel trieben aus, verzweigten sich, wuchsen bis auf Kniehöhe heran, um dann am Ende ihrer Verzweigungen kleine Blütenknospen zu bilden. Sie öffneten sich zu einfachen gelben Blüten, die schnell aufgingen und wieder verblühten. Die Fruchtknoten reiften weiter, bildeten längliche Schoten aus, in denen winzige Kohlsamen auf die normale Kohlsamengröße anwuchsen.

Ich sah zum ersten Mal einen blühenden Kohl! Und das, obwohl Kohl mein Gärtnern seit Jahrzehnten begleitet hatte. Bei vielen anderen Nutzpflanzen wusste ich um ihren Wachstumsverlauf vom Sämling bis zur Erntereife. Gurkenranken sterben ab, Bohnengewächs vertrocknet, aber den Werdegang eines Kohles erlebte ich jetzt erstmals. Das Erstaunen darüber erfasst mich noch jedes Jahr aufs Neue. Bisher hatte ich mich mit meiner gärtnerischen Sichtweise in den Mittelpunkt gestellt. Und die ist keineswegs bloß falsch, denn es kann durchaus sinnvoll sein, Kohl nach der Ernte ganz aus dem Beet zu entfernen, um etwas anderes einzusäen. Aber mittlerweile weiß ich, dass ich das mögliche Weiterwachsen der Pflanze damit vorzeitig beende.

Grünkohl wurde in meinen Kinderjahren in den ostfriesischen Hausgärten viel angebaut. Das hatte praktische Gründe. Die Menschen in den kleinen Häuschen hatten wenig Raum, um den Winter über Vorräte zu lagern. Und der Grünkohl hat einen entscheidenden Vorteil gegenüber anderen Gemüsearten: Er ist winterhart, verträgt also Frost. So kann er draußen im Acker bleiben. Will man von ihm essen, so pflückt man eine entsprechende Menge seiner festen, krausen Blätter. Falls sie mit Schnee bedeckt oder gar gefroren sind, macht das nichts.

Wir haben in unserem Garten schon einige Grünkohlsorten ausprobiert, darunter auch die »Ostfriesische Palme«. Sie wächst so hoch, wie ich groß bin. Aber bei starken Böen bot ihr Blattwerk dem Wind eine zu große Angriffsfläche. Die Blätter sprießen entlang des ganzen Strunkes, die Pflanze ist also über und über mit ihnen bedeckt. Bei Sturm wurden diese hohen Gewächse umgeweht, ihr Wurzelwerk kippte aus dem Boden. Also haben wir im Herbst lange Stöcke neben den Pflanzen in den Boden gerammt und sie daran festgebunden. Das war doch recht aufwendig. Schließlich säten wir nur noch niedrig wachsende Sorten aus.

Es bleibt für mich eine faszinierende, weiterhin rätselhafte Eigenschaft von Gemüsepflanzen, dass viele mit dem ersten Frost absterben, andere aber davon überhaupt nicht beeinträchtigt werden. Auch dem Rosenkohl machen Minustemperaturen nichts aus, er ist wie der Grünkohl ein Wintergemüse. Wohingegen Spitzkohl, Wirsing oder Weißkohl keine Fröste vertragen und bereits bei zu viel Regen im Herbst zu faulen drohen.

Wieso erfriert manches Blattgemüse, während die Kälte anderem nichts ausmacht? Spinat kann den Winter über in den Beeten bleiben, im Frühling wird die vorjährige Pflanze neue Blätter austreiben. Jahrelang hatte ich gedacht, Spinat reagiere empfindlich auf Frost. Sein Wassergehalt ist hoch, man sollte meinen, Minustemperaturen würden sein Blattwerk zerstören. Deshalb hatte ich ihn stets ausgerissen, nachdem ich ihn ein zweites Mal abgeerntet hatte.

Es war eines meiner Vorurteile gewesen. Ich weiß nicht, wann es entstanden war, und ich wusste lange nicht einmal, dass es sich um ein Vorurteil handelte. Erst als ich anfing, auf die Bedeckung des Bodens zu achten, ließ ich den Spinat in den Beeten. An den kältesten Tagen erschlafften seine Blätter, aber sie erfroren nicht. Sobald es Tauwetter gab, richteten sie sich wieder auf. Im Frühjahr trieb dieser stehen gebliebene Spinat erneut aus. Die Pflanzen sind dann kräftig, viel robuster als der Spinat in seinem ersten Jahr. Seine Blätter sind dick und fest. Alles spricht dafür, Spinat auch in der kalten Jahreszeit im Boden zu lassen. Der Ertrag ist deutlich höher als bei neu ausgesätem.

Etwas Ähnliches habe ich bei Salat beobachtet. Die meisten Arten frieren ab, aber Feldsalat nicht. Er ist ein Wintersalat, wird erst im Herbst gesät. Auch seine Blätter tauen, nachdem sie ein paar Tage Frost hatten, wieder auf, ohne gelitten zu haben. In den Wintermonaten esse ich deshalb oft rohe Spinatblätter gemischt mit Feldsalat.

Unsere Söhne erklärten mir, dass manche Pflanzenzellen über eine Art Frostschutzmittel verfügen, dass chemische Prozesse ablaufen, die ein Abfrieren verhindern. Nun, mir reichte es zu sehen, über welche Überlebensstrategien Pflanzen verfügen, dass manche gefährdeter sind als andere.

Auch unsere Grünkohlstämme lassen wir, nachdem wir ihre Blätter abgeerntet haben, im winterlichen Beet stehen. Ab Januar beginnen die Pflanzen wieder auszutreiben. Besonders schmackhaft sind die Blättchen ganz an der Spitze, das »Kruuske«, das Krause. Es sind hellgrüne, ganz zarte, frische Triebe.

Als der alte Mann, mit dem ich manchmal durch unseren Garten gehe, das sah, meinte er, das sei in seiner Kindheit, damals nach dem Krieg, überall so gemacht worden. Es habe ja so wenig zu essen gegeben.

Erst im Frühjahr, wenn ich etwas Neues aussäen oder etwas Vorgezogenes auspflanzen will, entferne ich die Grünkohlstrünke. Ich sehe es mittlerweile so, dass die Pflanze noch etwas zu erledigen hat. Das Stehenlassen gehört für mich zu unseren vielen Versuchen, den Boden der Beete über den Jahreskreislauf hinweg nicht zu plündern, sondern ihn nach und nach schonend zu bereichern.

Diese Einstellung bewährt sich bei Salatpflanzen auf andere Weise. Lasse ich nach einer letzten Ernte einige weiterwachsen, reichern ihre Blätter zwar immer mehr Bitterstoffe an und sind nicht mehr ganz so schmackhaft. Nach und nach beginnt der Salat dann aber in Saat zu schießen. Einige Sorten bilden in einem erstaunlichen Tempo hohe büschelartige Blütenstängel. Diese Büschel sind imposant, sie überragen die jüngeren Pflanzen um ein Mehrfaches. Kleine gelbe oder rote Blüten prangen an ihnen, sie blühen aus, und die Samen reifen heran und verbreiten sich im Beet. Im Frühjahr wird dort die nächste Generation keimen. Mittlerweile erkenne ich die neuen Salatpflänzchen und lasse die stehen, von denen ich denke, sie wachsen am richtigen Platz.

Besonders eindrucksvoll sind Vermehrung und Verbreitung bei Rucola. Ich habe ihn vor Jahren einmal in einem der Beete aussamen lassen. Das ist bei Rucola auch kaum zu verhindern. Er kommt hoch, wächst schnell und geht auch schnell in Blüte. Für uns sind seine Blätter bald recht bitter, und wenn es stimmt, dass Bitterstoffe dazu dienen, Fressfeinde abzuschrecken, dann gelingt dies dem Rucola mit uns Menschen durchaus. Er bildet seine Samen, lässt sie los, diese gehen zu Boden oder fliegen ein Stück weit mit dem Wind davon.

Bei uns keimte der Rucola bereits in seinem zweiten Frühjahr nicht nur in den Beeten, sondern auch an vielen anderen Stellen. Selbst dort, wo der Boden karg ist wie auf einem Schotterweg oder im Schatten zwischen den Büschen. Mittlerweile wächst er wild im Garten, will ich von ihm essen, so muss ich nicht lange Ausschau halten, wo er dieses Jahr zu wachsen gedenkt.

»Die Pflanzen«, sagte einer unserer Söhne, »wissen oft besser als wir, wo sie hinwollen, wo ein guter Platz für sie ist.«

Das war eine dieser Aussagen, die nur langsam in meinem Bewusstsein Fuß fassen konnten. Aber als sie Monat für Monat, Jahr für Jahr, Pflanze für Pflanze in meiner Wahrnehmung Bestätigung fand, sah ich ihre Gültigkeit ein. In den Beeten und abseits der Beete waren es die Sämlinge, die mich belehrten: Wir siedeln uns dort an und wachsen da, wo es für uns am besten ist. Wir wissen das. Dich brauchen wir nicht dafür. Deine Aufgabe ist es lediglich, uns zu lassen.

Manchmal bleibt ein Fahrradtourist stehen und wirft einen Blick auf die Beete. Und die häufigste Frage lautet prompt:

»Lohnt sich das denn?«

Und als Nächstes folgt fast unweigerlich:

»Das ist sicherlich viel Arbeit!«

Einmal meinte ein Mann zu seiner Frau, die hinter ihm fuhr:

»Guck mal, die betreiben noch bäuerliche Landwirtschaft.«

Da die Verhältnisse gegenwärtig so sind, dass niemand mehr Gemüse anbauen muss, setzt das Gärtnern die Lust an dieser Tätigkeit voraus. Es braucht so etwas wie eine erste Hingabe, ein Gefühl für die Pflanzen, für die Tiere, für den Boden. Und die Freude nimmt zu, wenn man erst einmal begonnen hat.

Gestern, Ende Juni, habe ich eine Reihe Grünkohlsamen ausgesät. Ich ziehe die Pflanzen selber vor, obwohl es schon größere Exemplare aus der Gewächshausproduktion zu kaufen gibt. Aber so kann ich mich für Saatgut aus ökologischer Produktion entscheiden und meine eigenen Pflänzlein nach und nach an ihren endgültigen Standort setzen. Gartenbaucenter bieten Kohlpflanzen nur kurze Zeit an. Die industrielle Pflanzenzucht taktet alles eng, eine Nutzpflanze, Blühstaude oder Blume folgt auf die nächste. Ziehe ich die Pflanzen selber vor, so kann ich sie den ganzen Frühling und Sommer über in den Boden bringen.

Einen Millimeter Durchmesser haben die Grünkohlsamen. Ich ziehe eine fingergliedtiefe Rille, befeuchte sie, streue die braunen Körnchen hinein und decke sie mit krümeliger Erde ab. Alles Weitere geschieht von selbst. In etwa zehn Tagen wird sich aus fast jedem Samen ein erstes Blattpaar ans Licht geschoben haben, zügig werden die Pflänzchen wachsen, weitere Blätter bilden und rasch so groß werden, dass ich sie umpflanzen kann. Sie werden in das Beet kommen, in dem noch die Dicken Bohnen stehen, die fast ausgereift sind. Der Kohl wird dort schnell weiter in die Höhe wachsen, je nach Sorte auf einen halben oder ganzen Meter. Die Blätter werden fest und dunkelgrün sein. Ab Oktober können sie geerntet werden.

In den winzigen Samen ist die ganze Zukunft der Pflanze enthalten. Biologisch sind die Vorgänge des Keimens, Wachsens und Werdens genau beschrieben, und jeder kann es nachlesen. Alles ist erklärt. Und doch merke ich, wie mich dieses Wachsen an sich, diese Fortpflanzung und Vermehrung, immer stärker berührt, ja verzaubert. Bei uns Menschen ist es ähnlich wie bei den Pflanzen. Dass aus einer einzigen befruchteten Zelle innerhalb von neun Monaten ein neuer Mensch heranwächst und geboren wird, ist trotz allen Wissens über die Abläufe immer noch ein Wunder.

Ich gehe oft durch den Garten und überlege, was ich kochen könnte, was gerade reif ist. Mein Mann und ich arbeiten täglich etwa eine Stunde im Garten. An manchen Tagen mehr, an anderen dafür auch gar nicht. Gerade im Sommer braucht es weniger Eingriffe. Das Gemüse in den Beeten wächst, die Tomaten werden rot, die Johannisbeeren werden geerntet oder bleiben am Strauch, es finden sich außer uns noch andere animalische Liebhaber. Wir können auf einer relativ kleinen Fläche so viel Gemüse anbauen, dass es für uns beide reicht. Auf kleiner Fläche lässt sich Pflanzenvielfalt leicht gewährleisten, auf einer großen bräuchte es dafür mehr Planung. Dadurch, dass wir so Unterschiedliches anpflanzen, ist nahezu Selbstversorgung möglich. Würden wir ausschließlich Weizen oder Mais oder Zuckerrüben anbauen, so wäre diese kleine Fläche für unsere Ernährung bedeutungslos. Sechzig Quadratmeter Weizen oder Mais oder Zuckerrüben, was sollten wir damit anfangen?

Pflanzliche Nahrung zu sammeln und diese schließlich anzubauen, zählte lange Zeit zu den Grunderfahrungen menschlichen Daseins. Tausende von Jahren lebte unsere Spezies in enger Fühlung mit dem Sammeln von Nüssen und Früchten, mit der Hege und Ernte von Pflanzen. Diese Nähe war selbstverständlich. Das war Leben. Das war Existieren. Die Jahrzehnte seit dem Aufkommen der industriellen Landwirtschaft sind dagegen wie ein Wimpernschlag. Aber sie haben unser Verhältnis zu den pflanzlichen Lebewesen und damit zum größten Teil der belebten Natur völlig verändert.

In den modernen Gesellschaften haben die meisten Menschen so gut wie nichts mehr mit der Erzeugung ihrer Nahrungsmittel, geschweige denn mit dem Heranwachsen der jeweiligen Pflanzen zu tun. Der ganze Prozess des Kultivierens vom Säen bis zur Ernte kommt in ihrer alltäglichen Erfahrung nicht mehr vor. Damit werden auch bestimmte ästhetische und räumliche Erfahrungen nicht mehr gemacht. Wir stehen in keinem Austausch mehr mit der Natur, es fehlt die Auseinandersetzung mit den natürlichen Widerständen, und so fehlen auch Freude und Leid. Freude zum Beispiel über Regen zur rechten Zeit oder Kummer über den späten Frost, der Baumblüten im Frühjahr abfallen lässt. Die Natur als Lehrmeister ist weggefallen.

Den fruchtbaren Boden, den belebten Humus, aus dem alles Wachsen seinen Anfang nimmt, haben die meisten von uns noch nie durch ihre Finger rieseln lassen. Die Sprache kann noch ausdrücken, dass etwas auf fruchtbaren Boden fällt, aber dass dieser Vorgang, bevor er zur Metapher wurde, etwas im großen sinnlichen Wechselspiel des Menschen mit dem belebten Boden bedeutete, scheint weitgehend verloren gegangen. Womöglich haben wir noch nicht genau begriffen, was diese Abkoppelung für unsere Gattung bedeutet.

Die Dominanz der industriellen Produktion hat vom einstigen Austausch nur wenig übrig gelassen. Eine der Inseln, die unserem alltäglichen Leben geblieben sind, kann mit etwas Glück das Kochen und das gemeinsame Essen sein. Beides hat eine tiefe, lange Vorgeschichte. Schon ein einfacher Getreidebrei verlangte einst, dass man sich seiner Grundlage, den gesammelten Körnern, beim Zermahlen ganz zuwandte. Wurde der gekochte Brei an der Feuerstelle gemeinsam verzehrt, wussten alle, von welchen Pflanzen Korn für Korn stammte. Das Nährende, das Versorgende und Kümmernde gehörte zum Wesen des Kochens. Die Kochstelle war der Platz, um den man sich versammelte. Mit der Aufnahme der Nahrung wurde nicht nur der Hunger des Magens, sondern auch der Hunger nach Nähe gestillt.

Kochen nur für sich selbst widerspricht dessen Wesen. Viele alte Frauen, die ihr Leben lang gekocht haben, tun dies oftmals nach dem Tode ihres Ehemannes nicht mehr. Zum Kochen braucht es mindestens eine zweite Person, die bekocht wird und mitisst. Kochen und Essen sind auf Dauer keine Tätigkeiten, die Alleinsein vertragen. Können sie nicht mehr in Gemeinschaft durchgeführt werden, so findet oft nur noch eine irgendwie geartete Aufnahme von Nahrungsmitteln statt. Kochen, diese elementare Erfahrung der Menschen, ist vielen zur Mühsal geworden, zu einem Aufwand, dessen man sich scheinbar einfach entledigen kann.

Zierrat

Vor einigen Jahren besuchte ich ein Moormuseum. Die Besiedlung der sumpfigen, für den Menschen unwirtlichen Landschaft bedeutete für die Ärmsten der Armen einen wahren Überlebenskampf, ein Ringen mit Hunger, Kälte, Krankheiten, mit frühem Tod: »De Eerste de Dood, de Tweede de Nood, de Darde dat Broot.«

Ich stand in dem einzigen Raum eines winzigen Häuschens. Eine offene Feuerstelle, Schlafbutzen für die Eltern und die vielen Kinder, kleine Fenster und ein aus Steinen gesetzter Boden. Auf diesen Steinen war rundum in handbreitem Abstand zur Wand eine feine Linie aus hellem Sand gestreut. Ob wir uns denken könnten, wozu dieser Sandstreifen gedient hatte, fragte die Museumsleiterin. Niemand von uns wusste es. Nun, erklärte sie, die Frauen hätten diesen Streifen am Sonntagmorgen gezogen und den Sand am Montag in der Frühe mit dem Reisigbesen wieder zusammengefegt. Sie hätten damit den Raum für einen Tag schmücken wollen. Die reine helle Linie sei ihr einziger Zierrat gewesen.

In der Schönheit erscheint die Würde des Menschen.

Im Garten ist es die Farbenpracht der Blumen, die ihn zieren. Tulpen, Pfingstrosen, Löwenmäulchen, Ringelblumen, Mohn, Cosmoskörbchen, Fuchsien, Dahlien und Rosen, sie alle sind ohne unmittelbaren Nutzen für uns Menschen. Ihr einziger Sinn besteht darin, das Auge und das Gemüt zu erfreuen. Hier können wir hegen und pflegen.

Viele dieser Blühpflanzen kamen irgendwann über Handelswege aus dem Mittelmeerraum in unsere Breitengrade. Durch die Eroberung der Neuen Welt wurden weitere Pflanzen nach Europa gebracht, deren üppig strotzende Pracht zuvor unbekannt gewesen war. Es muss für die ersten europäischen Erkunder des Dschungels überwältigend gewesen sein zu sehen, was dort das ganze Jahr hindurch bei gleichbleibender Wärme und Feuchtigkeit an überbordend leuchtender Fülle auf mehreren Ebenen wuchs. Dagegen mochten die Blumen des kühlen Europa, die nur wenige Monate im Jahr reichlich Licht und Wärme genossen, fast kümmerlich gewirkt haben. Zuerst fand diese neue Pracht Eingang in die Gärten und Orangerien der Adeligen. Heute können wir viele Pflanzenarten für wenig Geld als mit dem Flugzeug importierte Massenware kaufen.

Ich liebe Tulpen. Diese Zuneigung ist in meinen Kinderjahren entstanden. Im Rheinland wurden sie in den 1960er-Jahren wie in den benachbarten Niederlanden großflächig kultiviert. Der Gewinn auf Tulpenzwiebeln war hoch, also bauten einige Bauern keinen Weizen und keine Zuckerrüben mehr an, sondern Züchtungen der ehemals exotischen Zwiebelgewächse. So weit das Auge reichte, erstreckten sich die gelb und rot leuchtenden Felder. Zur Tulpenblüte kamen die Menschen bis aus dem Ruhrgebiet angefahren, parkten am Feldrand und bestaunten das Farbenspiel. Die schiere Fülle, die scheinbar grenzenlose, monochrome Ausdehnung bedeutete für viele einen Reiz, der über die Schönheit der einzelnen Pflanze hinausging. Wir Kinder durften damals immer einige Tulpen abschneiden und sie an die Touristen verkaufen.

In unserem Garten war eine meiner ersten gestaltenden Tätigkeiten, unterschiedliche Tulpensorten anzupflanzen. Sie sind einfach zu handhabende Blumen. Die Zwiebel kann den Winter über im Beet bleiben und treibt viele Jahre hintereinander immer wieder aus. Erst viel später habe ich Wildtulpen eingepflanzt. Lange wusste ich gar nicht, dass es diese ursprüngliche Form gibt. Sie ist von kleinem Wuchs, manchmal kaum mehr als eine Handbreit hoch. Überraschend an Wildtulpen ist, dass viele Arten mehrere Blüten austreiben. Zuerst befremdete mich ihre Zwei- oder gar Dreiköpfigkeit, denn die Tulpe ist für mich ganz selbstverständlich immer ein einzelner Stiel mit einer einzelnen Blüte gewesen.

Erst die Züchtung hatte einige der Wildarten so verändert, dass sie nur noch eine Blüte ausbildeten. Einer Freundin, die uns besuchte, fielen lediglich meine hohen Zuchttulpen mit ihren auffälligen roséfarbenen, wie Seide wirkenden Blütenblättern auf. Die kleinen Wildtulpen bemerkte sie nicht. Sie habe sich letzten Herbst in den Niederlanden eine Art gekauft, deren Blüten noch größer seien als die in meinem Garten. Am nächsten Tag brachte sie mir eines dieser Riesenexemplare. Es hatte eine Blüte groß wie eine Männerfaust. Eine derart kolossalwüchsige Blüte hatte ich bisher noch nicht gesehen. Sie wirkte auf mich nahezu monströs, fast unnatürlich.

Eine geöffnete Tulpenblüte zeigt überdeutlich die Geschlechtsteile der Pflanze: die Staubbeutel mit den männlichen Samen, die Narbe des Griffels, die an die Vulva erinnert. Als Mädchen habe ich diese Gestaltähnlichkeit instinktiv erfasst. Mit dem Ausblühen, wenn die Tulpenblätter nach und nach abfallen, bleiben diese Geschlechtsteile stehen und werden dadurch vollends exponiert. Dann sollte die Blüte abgeschnitten werden, damit alle Kraft in die Bildung von Tochterzwiebeln geht. Geschieht dies nicht, schießt der Griffel weiter in die Höhe, und der Fruchtknoten nimmt noch an Umfang zu. In ihm liegen die Samen. Man könnte diese voll ausreifen lassen und aus ihnen in den folgenden Jahren neue Tulpenzwiebeln züchten, aber diese geschlechtliche Vermehrung ist aufwendig und langwierig.

Wildtulpen hingegen vermehren sich auch ohne unser Zutun schnell, sowohl über die Zwiebeln als auch über die Samen. Diese Art der Ausbreitung ohne menschliches Zutun wird verwildern genannt.

Einmal sah ich in einem Park eine Rose, die Königin der Blumen, wunderschön, mit dunkelroten, weiß geränderten Blüten und, das war das Besondere, mit nur einer einzigen Blüte am Stiel, also so, wie wir sie auch im Blumenladen kaufen können. In unserem Garten wachsen sowohl Wildrosen als auch kultivierte Rosen in Rosé, Gelb, Violett, üppig blühend, jedoch alle mit Zweigen, an denen viele Blüten hängen. Während des Sommers ist ein Teil davon stets gerade am Ausblühen, andere haben sich gerade geöffnet, einige sind noch geschlossen. So kenne ich es von fast allen Gartenrosen. Im Gegensatz zu diesen Blütenständen wirkt eine einzelne Rosenblüte am Stiel merkwürdig künstlich. Diese Künstlichkeit ist der Zucht durch den Menschen geschuldet, aber auch zu verdanken. Ich weiß artifizielle Schönheit durchaus zu schätzen.

Im Park waren Gärtner am Arbeiten, die mir den Namen der Rose und die Gärtnerei, aus der sie stammte, nennen konnten. Ich fuhr hin und bekam das letzte Exemplar, aus einem Topf ragten fünf lange Stängel, an denen jeweils eine einzige Knospe saß.

Zu Hause buddelte ich ein hinreichend großes Loch, befüllte es mit guter Erde und pflanzte das besondere Gewächs ein. Da stand die Rose nun, und ich freute mich über sie. Ihre

Blätter hatten ein dunkles, kräftiges Grün, und sie besaß feste Knospen. Jeden Tag sah ich nach ihr, aber es tat sich nichts, die Pflanze wuchs nicht weiter. Es kam noch schlimmer, die Blütenknospen fielen ab, und die Blätter färbten sich braun. Ich entdeckte, dass die Erde aufgewühlt war und die Rose nicht mehr fest stand. Offenbar hatten Wühlmäuse die Wurzeln angefressen. Ich beseitigte die Löcher und füllte noch einmal Erde auf. Die kleinen Nager kamen nicht zurück, aber die Rose zeigte weiterhin keine Anzeichen von Wachstum. Kurz darauf bedeckten Läuse die Stängel. Ich entfernte sie mit der Hand und sprühte sie mit verdünnter Schmierseife ein. Aber meine in der Vorstellung so schöne Rose blieb ein kümmerliches Gewächs.

Auf den Kompost werfen wollte ich sie nicht, noch war sie ja am Leben. Auch im Folgejahr änderte sich nicht viel, zwar gab es ein paar frische Austriebe, aber wieder verkümmerten diese bald, und die Läuse erkoren sich die Rose abermals zur Wohnstatt und Nahrungsquelle. Wieder entfernte ich sie, aber nach ein paar Tagen hatten sich die Tierchen mithilfe von Ameisen erneut angesiedelt. Ich düngte mit Brennnesseljauche, es half nichts. Die Pflanze starb zwar nicht ab, aber von einem blühenden Leben war sie weit entfernt. Ein Jahr wollte ich ihr noch geben. Und siehe da, im dritten Jahr trat die Veränderung ein: Die Rose legte los, bildete Nebentriebe aus dem Haupttrieb, wuchs aus den Wurzeln heraus, das Blattwerk war kräftig, Blüten bildeten sich, fielen nicht ab, sondern öffneten sich zu dem von mir ersehnten Anblick. Die Rose war gesundet. Vielleicht hatte sie mein Hegen und Pflegen gerettet, vielleicht war sie aber auch von allein genesen, und es hatte nur meine Geduld gebraucht.

Mittlerweile ist sie zu einer kräftigen Pflanze herangewachsen. Bei jedem Gang durch den Garten sehe ich nach ihr, in Sorge, dass sich wieder Läuse oder Wühlmäuse über sie hermachen. Bislang ist meine Befürchtung unbegründet geblieben. Durch mein ausdauerndes Kümmern ist sie mir besonders ans Herz gewachsen. Beinahe so wie Eltern ihr Augenmerk auf ein Kind richten, das eine schwere Krankheit überstanden hat.

Mehrjährige Blumen, ob Zwiebelblumen oder Stauden, finden sich mit der Zeit nicht nur an ihrem Pflanzort. Sie verbreiten sich zusätzlich über Wurzeltriebe und über ihre Samen, über Ameisen, Vögel oder den Wind an andere Stellen.

Ich besitze ein Taschentuch, das ich als Kind geschenkt bekommen habe. Auf den feinen weißen Stoff sind blaue Blümchen gestickt. Es dauerte Jahre, bis das Bild dieser Blume und ihr Name in meinem Bewusstsein zusammenkamen. Dabei besitzt der Name eine besondere sprechende Geläufigkeit, die man kennt, auch wenn man sich die Pflanze nicht recht vorstellen kann. In unserem Garten zeigen sich ihre kleinen hellblauen Blüten ab April in den Gemüse- und Blumenbeeten, zwischen den Gehwegplatten und an den Rändern der Hausmauern. Dort geht sie anderen wild hochkommenden Blühpflanzen wie den Ringelblumen, der Jungfer im Grünen und dem Mohn voraus. Sie besitzt eine besondere Präsenz und ist kaum zu übersehen, ganz entgegen der Mahnung, die in ihrem Namen formuliert wird: Vergissmeinnicht.

Nicht nur im Deutschen, sondern auch in zahlreichen anderen Sprachen ist diese Bitte oder Aufforderung zur Selbstverständlichkeit eines Blumennamens geworden. Im Englischen heißt das Vergissmeinnicht *forget-me-not*, im Französischen *ne m'oubliez pas*, im Italienischen *nontiscordardimé*.

In der Welt der Abbildungen, sei es auf Papier, sei es auf Stoff, als Stickerei oder als Porzellanmotiv, hat das blaue Blümchen eine Häufigkeit erreicht, die vielleicht allein von der Rose übertroffen wird. Das Taschentüchlein meiner Kindheit ist nur eines von zahlreichen Beispielen. Von den Erzählungen, die sich sagen- oder märchenhaft um das Vergissmeinnicht ranken, scheinen allerdings nur wenige bis in unsere Gegenwart gelangt zu sein. Zumindest, dass die kleinen, himmelblau leuchtenden Blüten für Treue und innige Liebe stehen, ist manchen Menschen noch bewusst.

Am Vergissmeinnicht wird offenbar, wie schwimmend in unserem Garten die Grenze zwischen Wild- und Kulturpflanze mittlerweile geworden ist. Das Töpfchen, das man im Gartencenter erwirbt, ist den ganzen Weg moderner Massenproduktion gegangen. Aber mit etwas Glück überlebt die Blume das Umpflanzen, reift aus, ihre Samen fallen auf günstigen Boden, überwintern und keimen aus. Damit hat sie den ersten Schritt zurück zur Wildpflanze getan. Und lassen wir das Vergissmeinnicht weitere Generationen gewähren, kann man von einer erfolgreichen Verwilderung sprechen. Das gelingt allerdings nur, wenn wir die Pflanzen nach dem Verblühen nicht herausreißen. Die für unser Empfinden womöglich unansehnlich gewordene, weil nicht mehr blühende Blume muss im Boden bleiben, denn nur so können die Samen ausreifen.

Wie das Vergissmeinnicht gibt es auch die Ringelblume, den Mohn oder den Frauenmantel als im Gewächshaus vorgezogene Pflänzchen zu kaufen. Ihren endgültigen Standort weist ihnen erst der Gartenbesitzer zu. Der Frauenmantel, eine mehrjährige Staude, wächst als große krautige Pflanze im Blumenbeet auf der Südseite unseres Gartens. Wie der Name andeutet, ist er eine traditionelle Heilpflanze für Frauenleiden. Seit wir den Rasen nicht mehr mähen, hat er sich ein Stück weiter in die Wiese hinein verbreitet, und zwar auf der Schattenseite der Bäume und Büsche, dort, wo es etwas dunkler und kühler ist. Seine Samen haben es geschafft, sich im Dickicht der Gräser anzusiedeln. Der Frauenmantel ist eine Staude aus dem Wald. Bei uns steht sie in der Sonne nicht optimal, aber mithilfe des Windes hat sie dennoch die für sie besten Plätze im Schatten und Halbschatten gefunden. Auf ihren großen Blättern finden sich morgens auffällig viele Tau- oder Regentropfen. Sie verdunsten auch bei trockener Hitze nur langsam. Die feuchte Pflanze wäre also ein ideales Futter für Schnecken, sollte man denken. Aber noch nie habe ich Schneckenfraß an einem Frauenmantel gesehen. Er schmeckt ihnen nicht. Oder soll ich sagen: Er weiß die gefährlichen Feinde abzuschrecken? Auf jeden Fall sehe ich inzwischen, wovon sich diese Tiere am liebsten ernähren. Es ist durchaus nicht so, dass sie alles fressen!

Ganz anders als dem Frauenmantel ergeht es den Ringelblumen. Mehrmals habe ich versucht, sie im Halbschatten anzupflanzen. Die Schnecken fraßen sie in wenigen Nächten ab. Dennoch verbreiten sich die Ringelblumen im Garten, und zwar überall, wo die Bedingungen für sie günstig sind. Warm mögen sie es und sonnig. Sie gedeihen an Stellen, wo die Schnecken sich nicht gern aufhalten. Die Ringelblumen wurzeln in den warmen Steinritzen, wachsen am hellen Weg und in den Gemüsebeeten. Zwischen dem Spinat, neben der Roten Beete, bei den Bohnen, sie tauchen überall auf, wo es warm und hell ist. Dadurch bekommen die Beete ein ganz eigentümliches Aussehen. Zwischen den Gemüsepflanzen sprießen nach dem Verblühen des Vergissmeinnichts die gelben oder orangen Ringelblumen bis in den Spätherbst hinein. Und nicht nur sie, auch der gefüllte Mohn, diese rote Augenweide, scheint genau zu wissen, wo die wohligen Temperaturen herrschen, und taucht zwischen den Kartoffeln und den Bohnen auf. Außerdem mag er durchlässige Böden. Die Beete mit ihrem gelockerten Erdreich sind daher ideal für ihn. Sieht man die schier unendliche Menge an schwarzen Körnchen in den großen Samenkapseln, macht es einen fast staunen, wie wenige das Leben ihrer Art weitergeben.

Ähnlich auffällig ist die Jungfer im Grünen, ein filigranes Gewächs, anspruchslos, wunderschön und robust zugleich. Und auch die Samen des Löwenmäulchens verteilen sich in weitem Umkreis, diese irgendwann von uns gepflanzte Blume ist mit den Jahren verwildert. Bestimmt hat ihr dabei geholfen, dass sie nicht nur an sonnigen Standorten, sondern auch im Feuchten und Kühlen wächst und dass die Schnecken sie in Frieden lassen.

Im Laufe der Jahre habe ich an mir beobachten können, wie meine Einstellung zur Schönheit der Wildpflanzen sich beständig verändert. Die bisher Genannten zeichnen sich durch auffällige Blüten aus. Ließ ich Mohn und Ringelblumen bald stehen, so riss ich beispielsweise die Gänsedisteln oder die Wolfsmilch noch lange heraus, sie schienen mir zu sehr Unkraut zu sein. Wie schwer es doch für uns ist, diese jahrzehntelang praktizierte Abwertung aufzugeben und die Abneigung, den Abscheu oder gar Hass gegenüber den Wildpflanzen zu verlieren. Wächst nun eine Gänsedistel zwischen den Kartoffeln, so belasse ich sie dort. Sie wird zu einer hohen feingliedrigen Pflanze. Ihre Blüten sind klein und unscheinbar, aber die Bienen lieben sie. Allein der Mensch kommt auf die Idee, abschätzig über ihre Ansehnlichkeit zu urteilen. Die Kartoffeln kann sie nicht überwuchern und ihnen dadurch das Licht nehmen. Sie steht niemandem im Wege, und für den Boden ist jeder Fleck, den sie besetzt und durchwurzelt, besser, als wüchse dort nichts. All diese einjährigen Pflanzen kommen im nächsten Jahr über die Samen zurück. Ihre Wiederkehr ist nicht von mir gelenkt. Manchmal keimen die Pflanzen an ihrem vorjährigen Standort erneut, manchmal sprießen sie auch anderswo. Dies bringt eine eigentümliche Bewegung in den Garten. Seine Schönheit steht nicht still. Dass die Winter milder werden, beeinflusst diesen Wandel. Samen, die früher bei starkem Frost abgestorben wären, bleiben keimfähig. Der Prozess der Verwilderung wird schneller und bunter.

Beglückend ist, dass diese wiederkehrenden Pflanzen besonders robust sind. Da sie aus Samen keimen, die bereits eine Zeit lang im Gartenboden weilten, sind sie an dessen Erde angepasst. Ihre Wurzeln müssen nicht aus einem engen Blumentopf heraus und in neue Erde hinein, sie sind nicht dem Stress des Umgepflanztwerdens ausgesetzt, sind nicht mit Flüssigdünger im warmen Gewächshaus in möglichst kurzer Zeit möglichst groß geworden, sondern können im Garten in ihrem Rhythmus auf den Licht- und Temperaturwechsel antworten.

Im Frühling sprießen Märzveilchen im Halbschatten einiger Bäume. Ihre Samenkapseln springen auf, sobald sie reif sind, und die Samen verteilen sich im unmittelbaren Umkreis. Aber einmal entdeckte ich die Blumen an einer neuen, ungewöhnlich weit entfernten Stelle. Wie waren sie dorthin gekommen? Ich las nach. Es mussten Ameisen gewesen sein. Waldameisen hatten die Veilchen entdeckt. Über zwanzig Meter hinweg hatten sie deren Samen zu ihrem Bau und zu ihrer Brut transportiert. Die Ameisen vertilgen nur die Anhängsel, die sogenannten Ölkörperchen, ohne die Keimfähigkeit zu zerstören. Die Samen verbleiben im Boden, keimen und bilden die nächste Veilchengeneration an neuer Stelle. Ich begann nach weiteren Veilchenstellen zu suchen. Zuerst entdeckte ich eine im Schatten einer Christrose. Dann sah ich, dass jetzt auch unter der alten Rotbuche welche wuchsen. Der Boden dort ähnelt einem Waldboden, ist mit einer dicken Schicht aus Bucheckern und vorjährigem Laub bedeckt. Für Waldameisen ein idealer Platz, dachte ich mir. Das hohe Wiesengras wächst nicht bis an den Stamm der Buche heran. Im folgenden Jahr erschienen in unserem Garten noch viel mehr Veilchen, kräftige, für diese Blumenart ungewöhnlich große Pflanzen.

Regelmäßig gehe ich durch die Wiese und sehe mir die Gräser genauer an. Dabei drücke ich die hohen Halme zur Seite, um zu schauen, was unter ihnen halb verborgen wächst. Als ich dies wieder einmal tat, entdeckte ich weitere Veilchen, verdeckt von dem hohen Gras rundherum. Auch hier mussten die Ameisen mitgewirkt haben. Offensichtlich befanden sich ihre Bauten und damit die Veilchensamen nicht nur unter Büschen und Bäumen, sondern ebenfalls in der Wiese.

Seitdem halte ich Ausschau nach Ameisenhügeln. Viele habe ich im Verlauf der letzten Jahre gefunden, kleine, mittelgroße und große. Die Ameisen können diese Bauten jetzt besser pflegen, da wir nicht mehr über ihre Hügelchen hinwegmähen. Ameisen sind nützlich, sie zersetzen organisches Material, und ihre Bauten tragen dazu bei, den oberen Boden zu durchlüften. Und anhand dessen, wie die Ameisen Veilchen pflanzen, habe ich begriffen, dass auch sie unseren Garten mitgestalten.

Ich bin nicht die alleinige Gestalterin. Andere Tiere, Pflanzen und Pilze tun dies ebenfalls.

Ich kenne die Gründe und Maßstäbe dieser Wesen nicht, weiß nicht, was jeweils dem Zufall geschuldet ist und inwieweit sich hinter ihrem Tun feinste Bezüge und Abstimmungen verbergen. Aber dass ich nicht allein bin mit meinem Eingreifen, werde ich nicht mehr vergessen. Ich lasse verschiedenen Tieren hier im Garten die Möglichkeit zum Gestalten, und sie nutzen diese Möglichkeiten. Und wieder ändert sich ein Stückchen meines Selbstverständnisses. Dass ich nicht alleine gestalte, nicht für alles verantwortlich bin, dem Geschehen seinen Lauf lassen kann, empfinde ich zunehmend als Entlastung. Die Last des Gestaltens muss ich nicht alleine tragen. Ich kann mich diesen Mitgestaltern ruhig ein wenig ausliefern, sie tun schon das Ihrige.

Dinge kaufen

Es ist ein Abend im März. Die Großeltern und das Kind sitzen in der Küche. Es dunkelt.

»He moot doch bold komen«, sagt die Großmutter. »Nu hebbt wi bold Ostern. Waar blifft he blot? Lot dat Rollo noch boven, Kind.«

Die Uhr tickt.

Die Großmutter schält einen Apfel. Verteilt die Schnitze an den Großvater und an das Kind. Das Kind sitzt auf dem Sofa, hinter sich das niedrige Fenster.

»Daar«, ruft die Großmutter und erhebt sich aus ihrem Stuhl. »Daar buggt noch een up Weg!«

Das Kind hockt sich schnell mit den Knien auf das Sofa. Sieht durch das Fenster. Sieht ein großes rundes Licht näher kommen. Hört es knattern und puffen.

Die Großmutter ist schon zur Tür hin.

»Dat is Oll Wüp!«, ruft sie.

Das Kind hinterher. Nach draußen ins Dunkle.

Endlich ist er da. Oll Wüp, der fliegende Händler.

Er sitzt auf dem knatternden Moped, hinten qualmen die Abgase aus dem Auspuffrohr. Die große, helle, runde Lampe scheint auf den Acker mit den Dicken Bohnen. Der Mann dreht vorne an einem Knopf. Der Motor steht still. Er dreht an einem weiteren Knopf. Das Licht erlischt.

Das Kind staunt. Oll Wüp steigt vom Moped. Schwingt dabei sein rechtes Bein in die Luft, damit es über die hoch getürmte Fracht auf dem Gepäckträger passt. Er drückt das Moped kurz nach vorne, zieht es dann mit einem Ruck nach hinten, stellt es so auf seinen Ständer.

»Daar bün ik«, sagt er.

Das Kind blickt. Der fliegende Händler trägt einen langen Ledermantel, knöchelhohe Schuhe und eine Lederkappe. Auf dem hinteren Gepäckträger drei Koffer, unten ein großer, dann ein mittelgroßer, zuletzt ein kleiner. Vorn, vor dem Lenker, sind zwei weitere kleine Koffer festgeschnallt.

»Koom eerst maal in't Huus«, sagt die Großmutter.

Drinnen setzt sie Teewasser auf, stellt vier Tassen hin. Der fliegende Händler zieht seinen schweren Mantel aus, nimmt die Kappe vom Kopf. Das Kind sieht, der Mann ist alt, klein und dürr.

»Un nu vertell!«, fordert die Großmutter.

Und der fliegende Händler erzählt. Was im letzten, was im vorletzten Dorf passiert ist. Wer gestorben ist, wer sich erhängt hat, wer krank ist, wer gestürzt ist, wer ein Kind bekommen hat und wer heiraten muss. Wo beim letzten Sturm ein Dach beschädigt wurde, wo ein Fahrrad gestohlen wurde, wo der Bussard vier Hühner geholt hat.

Nach der dritten Tasse Tee sagt der fliegende Händler, es sei nun an der Zeit, er hole seine Koffer herein. Er geht nach draußen, kommt mit zweien zurück, holt noch den dritten und hievt einen ersten auf den Küchentisch. Es ist ein großer, alter, zerschlissener Lederkoffer, mit einem Riemen zusammengebunden. Oll Wüp löst den Riemen, drückt die Schnallen der beiden Schlösser, diese springen auf, dann klappt er den Koffer auf, seine Hälften bedecken fast den ganzen Tisch.

Das Kind sitzt auf dem Sofa.

Und der Händler holt heraus: Oberhemden, Unterhemden, lange Unterhosen, Socken, Schlüpfer, Kittelschürzen, Pullover, Strickjacken. Die Großmutter nimmt die Oberhemden. Beschaut sie. Ja, der Großvater braucht ein neues Arbeitshemd. Sie legt das dunkelblau karierte zur Seite. Für sich noch einen rosafarbenen Schlüpfer.

Dann die andere Seite des Koffers. Der Händler will weiter auspacken. »Nee«, sagt die Großmutter und blickt auf die Wollknäuel, das Stopfgarn, die Häkelnadeln, Stricknadeln, Nähnadeln.

»Bloos een Kloske swarte Naihgaarn un Bohnenband«, sagt sie. »Nu kummt Sömmer, daar bruuk ik dat anner neet.«

Und Oll Wüp nimmt das schwarze Nähgarn und das Bohnenband und legt es neben das Hemd, schließt den Koffer, bringt ihn in den Flur und holt den nächsten.

Das Kind sitzt auf dem Sofa und schaut zu.

Im zweiten Koffer liegen Handtücher, Geschirrtücher, Waschlappen, Feudel, Bettlaken und Bettbezüge. Die Großmutter nimmt die Geschirrtücher in die Hand. Dunkle, helle. Zwei dunkle legt die Großmutter auf das bislang Ausgesuchte.

Und jetzt der dritte Koffer. Darin Bürsten, Handfeger, Scheren, Schälmesser, Pflaster, Seife, Bohnerwachs, Mottenkugeln, zwei kleine Spiegel, Kämme, Haarnadeln, Haarnetze, Niveacreme, Birkenhaarwasser, Kölnisch Wasser. Die Großmutter sieht sich alles an, legt eine Packung Mottenkugeln, ein paar Haarnadeln, ein Haarnetz und eine Flasche Haarwasser beiseite.

Manchmal steht das Kind so früh auf, dass es sieht, wie die Großmutter den Zopf löst und den großen Hornkamm durch die Haare zieht. Ein paar Haare bleiben im Kamm hängen. Die Großmutter flicht sich einen neuen Zopf, nimmt die Haare aus dem Kamm, zwirbelt diese und bindet damit das Zopfende. Dann steckt sie das Haar hoch, legt den Dutt und steckt ab und zu eine Haarnadel hinein. Zuletzt wird das Haarnetz darübergezogen. Und dann nimmt sie das Birkenhaarwasser, schüttelt sich einige Tropfen in die linke Handfläche und verteilt sie auf dem Kopf.

»Mehr bruuk ik neet«, sagt sie zu Oll Wüp. »Daat was't.«

»Kien Knopen, kien Reißverschluss, kien Gardinenband, überhaupt kien Stoff?«, fragt der fliegende Händler.

»Du weetst, ik naih neet«, sagt die Großmutter.

Aber das Kind.

Ja, das Kind. Was ist mit dem Kind.

Auch das Kind sollte bekommen.

Ja. Ja. Auch das Kind.

Alle drei blicken auf die Großmutter. Diese sagt nichts, sieht beiseite, dreht dann aber doch den Kopf und nickt.

»So is't recht«, sagt der Großvater.

Und der fliegende Händler stellt den dritten großen Koffer vor die Haustür und nimmt eines der Köfferchen, die noch vorne am Lenker festgeschnallt sind. Er holt es herein. Öffnet es. Er blickt das Kind an.

»Kiek mol«, sagt er und zieht das Stück Stoff, mit dem er die Waren bedeckt hat, herunter.

Und das Kind sieht. Weiße Söckchen, Kniestrümpfe, Haarspangen, Haarbänder, kleine Spiegel. Aber die Großmutter mag keine Spiegel. Nur einen gibt es im Haus, der liegt im Küchenschrank. Die Großmutter holt ihn immer nur morgens heraus und stellt ihn auf den Tisch, wenn sie sich die Haare macht. Das Kind soll nicht in den Spiegel schauen.

»D'or sitt Düvel in«, sagt sie dann immer zu dem Kind.

»Kiek«, sagt der fliegende Händler und holt etwas von unten hoch. Drei Pakete mit verschiedenen Taschentüchern, alle drei in Zellophan verpackt.

Das Kind nimmt sie in die Hand. Eines schöner als das andere. Das Kind kann sich nicht entscheiden. Überlegt. Soll es die mit der roten Spitze nehmen oder die mit der gelben. Oder die, bei denen in einem Eck ein blaues Blümlein aufgestickt ist.

»Disse«, sagt das Kind und nimmt die mit dem blauen Blümchen. Es öffnet vorsichtig das Zellophan, nimmt die drei Tüchlein heraus. Ein Stück Karton hält sie fest. Das Kind faltet die Taschentücher auf. Der Stoff so dünn, die Spitzen so fein. So einen edlen Stoff besitzt das Kind nicht. Es fährt mit den Fingerspitzen darüber. Legt sie neben sich auf das Sofa.

Manchmal nimmt die Großmutter ihr großes Taschentuch aus der Kittelschürze, es ist ein Männertaschentuch, und fährt dem Kind damit über die Nase. Das Kind kennt den Geruch dieses Taschentuches genau. Es mag weder den Geruch noch dass die Großmutter ihm damit über die Nase wischt.

Das Kind nimmt die Taschentücher wieder in die Hand. Blickt zum Großvater. Dieser lächelt das Kind an. Da lächelt das Kind zurück.

Bald, nachdem der fliegende Händler seine Fahrt ins Dunkle fortgesetzt hat, schickt die Großmutter das Kind ins Bett. Das Kind hat seine Taschentücher sorgfältig neben sich auf das Sofa gelegt. Das war ein schöner Tag. Und morgen wird wieder ein schöner Tag werden.

Ein ostfriesischer Dschungel

Sieh dir mal diesen Dschungel an!«, hörte ich, verborgen hinter Büschen und Bäumen, eine Touristin abschätzig rufen, die mit ihrem Begleiter bei uns vorüberradelte. »Aber das ist doch wunderschön!«, antwortete er.

Ich weiß nicht, wie ich unseren Garten bezeichnen soll. Soll ich ihn einen Naturgarten nennen? Oder einen naturnahen Garten? Braucht es überhaupt eine Einordnung? Sehe ich mir Abbildungen ähnlicher Gärten an, so wirken diese auf den Fotos ordentlicher als unserer: Blühpflanzen in klar abgegrenzten Beeten, Ziergräser, vielleicht noch ein Teich, ein Streifen Rasen, eine Stelle für Gartenstühle und Tisch, Blumen in großen Töpfen. Auf den Bildern wirkt das alles oft durchkomponiert, arrangiert und überlegt. Vor allem sieht es nach viel Arbeit aus, nach geleisteter Arbeit und nach Arbeit, die regelmäßig erforderlich ist.

Dagegen wirkt unser Garten auf den ersten Blick fast chaotisch, so als würde alles sich selbst überlassen wachsen, ohne dass eine von uns festgelegte Formung erkennbar wäre.

Die Assoziation »Dschungel« liegt vor allem im Sommer nahe. Von der Straße aus gesehen muten die Bäume und Büsche, die Brennnesseln, das Schilf und das Klebekraut wie ein Dickicht an. Man kann nicht hindurchsehen, da ist keine säuberlich beschnittene Hecke, und es herrscht keine klare

Anordnung der verschiedenen Pflanzen. Viele Stellen erinnern mehr an eine Wildnis, zumindest mehr an einen wilden Garten denn an einen wie auch immer gepflegten.

Führe ich Besucher durch unseren Garten, so sind die Reaktionen unterschiedlich. Viele sind irritiert, wissen nicht so recht, was sie von dem Gesehenen halten sollen. Einerseits beeindruckt es sie, wie üppig es an allen möglichen Stellen strotzt, andererseits ist der Garten nicht auf den ersten Blick schön, dazu ist er zu ungewohnt, der schweifende Blick kann nicht richtig einordnen, was er da sieht. Einige sagen, sie fühlten sich an Gärten ihrer Kindheit erinnert. Aber bis jetzt hat fast niemand daraufhin seinen Garten in diese Richtung verändert. Auch nicht im Kleinen. Anfangs hat mich dies überrascht. Es ist, als entstünde eine Art Scham und verbinde sich dann mit einer gewissen Sturheit. Schon der Vorschlag, ein kleines Stück Rasen nicht mehr zu mähen und zuzuschauen, was damit geschieht, wird als peinlich, oftmals wie eine Zumutung empfunden. Unseren Garten lässt man gelten, weil er weit genug vom eigenen entfernt ist.

Das Aussehen unseres Grundstücks hat sich in den zurückliegenden dreißig Jahren nach und nach stark verändert. Ich müsste Fotos zur Hand nehmen, wollte ich mir den ehemaligen Zustand im Detail und als Ganzes vergegenwärtigen. Wie karg es damals zwischen dem Haus und dem Schloot, dem Entwässerungsgraben an der Straße, war, habe ich erst in der Rückschau begriffen. Uns ging es anfangs vor allem um das alte Haus. Seinem Zustand, seiner inneren und äußeren Instandsetzung, galt fast unsere ganze Aufmerksamkeit und Sorge. Das Drumherum war erst einmal zweitrangig. Mein Alltagsblick erfasste vor allem das Gebäude; scheinbar unveränderlich, massiv, aus hundertdreißig Jahre altem rotem Backstein, beherrschte es die Wahrnehmung.

Heute ist seine Fassade, ja sogar ein Teil seines Dachs vom Frühling bis in den Herbst hinein von der Straße aus kaum noch zu sehen, fast verborgen liegt es da. Inzwischen sind es die Bäume und Büsche, die einem Betrachter zuerst vor das Auge treten. Mit den Jahren hat sich ein Streifen Grün, der inzwischen beinahe wie ein schmales Stück Wald anmutet, seinen Raum erobern können. Unterschiedlich hoch stehen Ahorne, Pappeln, Kastanien, Eichen, Buchen, Eschen, Weißdorn, Mirabellen, Haselnüsse und der Holunder.

Über Vögel kamen die Samen des Pfaffenhütchens, der Stechpalme, der Wildrose, der Sauerkirsche und der Pflaume. Manche Bäume und Büsche vermehrten sich auch über Wurzeltriebe. Einen Ginkgo und eine Robinie bekamen wir geschenkt. Einiges haben wir über Baumschulen und Gärtnereien bestellt. In Versandkartons wurden zweijährige Esskastanien, ein Pfirsich, eine Pimpernuss, eine Maulbeere, eine gelbe Kirsche, eine Strauchkirsche mit süßsauren roten Früchten, eine Ebereschenmispel, eine sibirische Quitte und Minikiwis angeliefert. Für mich zuerst einmal exotisch anmutende Pflanzen wie Granatapfel, Kaki, Szechuanpfeffer und ein chinesischer Korkbaum überstanden diese Reise ebenfalls und haben ihren Platz im Garten bekommen. Auf einer kleinen, von uns angehäuften sandigen Erhebung stehen drei Sanddorne.

Sicherlich rührt die Vielfalt in unserem Garten auch daher, dass wir viel ausprobieren, abwarten, was gedeihen kann und was wir vielleicht wieder entfernen müssen, weil es hier beispielsweise für diese Pflanze zu kalt ist. So haben wir eine Aprikose wieder herausgenommen und uns gegen einen Mandelbaum entschieden. Die warmen Monate hier an der Nordsee reichen nicht aus, um zu garantieren, dass die Blüten bestäubt werden und die Früchte ausreifen.

Bei manchen Pflanzen dauert es einige Jahre, bis sie tragen.

Unsere Schwarze Maulbeere aber wuchs überraschend schnell, blühte und schenkte uns viele Früchte. Ich hatte bis dahin kaum ähnlich süßes Obst gegessen. Maulbeeren hängen dunkelrot, wie längliche Brombeeren, am Baum.

Und auch unser erster Pfirsich beschert uns eine Ernte und unsere gelbe Kirsche trägt große süße Früchte. Diese werden im Gegensatz zu roten Süßkirschen nicht von den Staren gefressen.

Es gibt nur wenige Gärtnereien und Baumschulen, die selbst züchten. Ihr Anliegen ist es, durch natürliche Auslese Sorten so zu verändern, dass sie zum Beispiel später blühen, ihre Früchte süßer werden oder dass sie die in unseren Breitengraden vorkommenden Spätfröste überstehen. Der Begriff »heimische« Pflanze ergibt bei solchen Züchtungen und auch darüber hinaus wenig Sinn. Denn was soll an ihnen heimisch sein? Seit zweihundert Jahren in Deutschland? Oder immer schon in Mitteleuropa? Alles, was unter unseren klimatischen Bedingungen und auf unseren Böden wachsen kann, müsste hier auch gepflanzt werden dürfen. Es ist vermessen zu behaupten, bestimmte Bäume oder Büsche gehörten nicht hierher, weil es sie vor einigen Jahrzehnten noch nicht bei uns gab. Pflanzen verbreiten sich auch ohne unser Zutun über die ganze Welt. Von invasiven Arten zu sprechen, die nicht hierher gehören und bekämpft werden müssen, scheint mir oft dem Bedürfnis zu entspringen, alte Strukturen erhalten zu wollen, statisch bleiben zu wollen, statt einer ungewohnten Dynamik nachzugeben.

Pflanzen wachsen dort, wo sie wachsen können. Sie kennen keine vom Menschen gezogenen Grenzen.

Die meisten Bäume und Büsche auf unserem Grundstück habe ich bis weit in mein Erwachsenenleben hinein allenfalls dem Namen nach gekannt. In unserer Region, dem Rheiderland, gibt es keine Wälder mehr. Die besondere Erfahrung, die es bedeutet, durch einen Wald zu gehen, habe ich in meinen Kinderjahren schlicht nicht gemacht. Und auch die wenigen Bäume in meiner nächsten Umgebung habe ich nur sehr eingeschränkt wahrgenommen. Zwar kann ich mich noch an das Aussehen und den Geschmack der Äpfel im Garten meiner Großeltern erinnern. Auch stehen mir noch die zwei Johannisbeerbüsche vor Augen. Die Obstbäume aber sehe ich in der Erinnerung nur undeutlich vor mir. Bäume waren mir gleichgültig, oder weniger schroff ausgedrückt: Sie waren eben einfach da. Niemand hat mich jemals auf sie hingewiesen oder gar ein sinnliches Verhältnis, ein Staunen angesichts ihres Wachsens und ihres Wuchses in Worte gefasst. Und so blieb es über viele Jahre hinweg. Auch hier im Garten war zuerst immer und immer wieder ein bewusstes Wahrnehmen nötig, ein gedankliches, von der Vernunft geleitetes, fast willentlich erzwungenes Hinschauen. Ganz langsam, Schritt für Schritt, Blick für Blick, später auch Handgriff für Handgriff, begann die Präsenz der Bäume in mich einzusickern.

Aber was war das, was da in mir antwortete, was sich da irgendwie in mir regte? Kam der Anstoß zur Veränderung ausschließlich von außen, vor allem durch die Anregungen unserer Söhne? Oder rührte, was sie sagten, an etwas Tiefsitzendes, das in mir schon als ein Keim vorhanden war? Haben wir alle ein angeborenes Verhältnis zu den Pflanzen? Immerhin hat der Homo sapiens in seiner Entwicklung stets inmitten der Pflanzen und von ihnen gelebt. Auf jeden Fall spürte ich, wie sich etwas in mir zu wandeln begann. Ich las einiges nach oder schaute mir Abbildungen an, ich informierte mich also, aber viel wichtiger waren die Erfahrungen, die ich über die Sinne mit den Pflanzen machte.

Diese Erfahrungen spenden eine eigentümliche Gewissheit. Sie fassten und fassen weiterhin in unterschiedlichen

Bereichen meines Körpers Fuß, und ich weiß, dass diese Art von Gewissheit mir nicht wieder abhandenkommen wird, ich werde sie auch nicht wieder aufgeben müssen, um sie durch andere Gewissheiten zu ersetzen. Beim Hinschauen sehe ich die Rinde eines Stammes mittlerweile deutlicher: Ist sie hell oder eher dunkel? Über die Fingerspitzen spüre ich die manchmal glatte, manchmal raue Oberfläche. Steht der Stamm gerade oder ein wenig schräg? Wenn ich mit der flachen Hand gegen unseren hohlen Apfelbaum klopfe, höre ich den Raum schwingen. Ich rieche die ätherischen Düfte der Walnussblätter oder die Aromen der zerschredderten Äste. Ich nehme die Bäume und Büsche mittlerweile absichtslos wahr, mein Blick verschließt sich nicht mehr, ich schaue nicht mehr an ihnen vorbei oder gar nicht erst hin. Sie werden mir mehr und mehr zu einem Gegenüber.

Ein ähnliches Gegenüberstehen kannte ich bisher nur aus der wechselseitigen Anschauung von Mensch und Tier.

Ich erinnere mich, wie ich als Kind am frühen Abend, wenn die Bauersfrau im Hof auf der anderen Straßenseite mit dem Melken fertig war, wenn sie das Melkgeschirr gereinigt und anschließend einige Liter Milch auf die kleinen blechernen Kannen verteilt hatte, unsere Milchkanne abholte. Ging ich im Winter hinüber, war es bereits dunkel. Die wenigen Straßenlaternen standen in großem Abstand. Anderes künstliches Licht gab es draußen kaum. Nur bei Vollmond waren der Abend und die Nacht auf eigene Art hell. Der Hof des Bauern lag keine hundert Meter entfernt. Eine schwache Birne über dem Stalleingang und der Schimmer, der durch die kleinen Fenster drang, zeigten, wo ich hinmusste. In den Monaten, in denen die Tiere nicht auf die Weide konnten, standen um die zwanzig Kühe im Stall. Sie bekamen jetzt nur Heu zu fressen, also war die Milch nicht so fett, die Butter nicht so gelb. Ich trat in den Dämmer ein. Der beißende Geruch des Dungs stieß mir in die Nase. Die großen Tiere standen in engen Abteilen. In der winterlichen Kälte war das schnaufende Ausatmen der Kühe sowohl zu sehen als auch zu hören. Manchmal saß die Bauersfrau noch auf einem Schemel dicht bei einer Kuh und molk diese mit der Hand. Dann war meist das Euter entzündet, deshalb konnte das Melkgeschirr nicht angelegt werden. Zwischen dem Scharren und dem Schnaufen der Tiere hörte ich das regelmäßige Strip-Strap, Strip-Strap, Strip-Strap, mit dem der Milchstrahl in den Zinkeimer spritzte. War der Eimer noch leer, so erzeugte der Strahl einen lauten Ton, ein kurzes, hartes Prasseln auf dem Metall, war der Eimer bereits etwas gefüllt, so erklang das Strip-Strap gedämpfter.

Es war nur ein kurzer Weg zwischen den Kühen hindurch. Ab und an hob eine Kuh ihren Schwanz, der Dung platschte auf den Boden und spritzte hoch. Ich achtete sehr darauf, schnell durch die schmale, an den Rändern verkotete Gasse zu kommen. Unwillkürlich las ich dabei die Namensschilder, die in jedem Abteil hingen: Berta, Hilda, Rosa, Herta. Ich fragte mich, wie die Bäuerin und der Bauer die Kühe auseinanderhalten konnten. Für mich sahen sie alle gleich aus. Aber für den Bauern und die Bäuerin war jede dieser Kühe genau diese eine Kuh.

Dass ich lange so wenig über die Bäume wusste, kaum etwas über ihr Aussehen und ihre Bedeutung für den Menschen, sagt mehr über mich aus als über die Pflanzen. Denen bleibt es vermutlich gleichgültig, ob ich sie wahrnehme oder nicht, aber mir ist mit der Zeit deutlich geworden, dass sie mir nicht gleichgültig sein sollten. Ich schnitt mich ab, ich schnitt etwas in mir ab, was für mein Selbstverstehen nicht unerheblich war.

Ich begann, das Wachstum einzelner Bäume und Büsche zu beobachten. Ich sah, wie sich die schnell wachsenden Weiden und Holunderbüsche zum Stand der Sonne verhielten.

Ich sah, an welchen Büschen ihre Zweige vorbeimussten, wann sie diese zu überragen begannen, sah, wie das Licht sie anzog und wie sich ihre Zweige und Blätter danach ausrichteten. Das hatte ich alles schon vorher gewusst, aber da ich meinen Blick jetzt häufiger darauf richtete und verweilen ließ, war es, als würde ich die Büsche ein wenig verstehen, ich konnte sehen, was sie brauchten, und wahrnehmen, was sie dafür taten und wie sie es taten. Ich begann zu verstehen, wie die den Schatten liebende immergrüne Eibe sich nicht im selben Maße nach dem Licht ausrichtete. Sie strebte nicht vorrangig in die Höhe, sondern ganz langsam in die Breite.

Ich stand vor den mit Efeu bewachsenen Ahornen, befühlte die alten, harten, rauen Lianen des emporrankenden Gewächses. Im Sommer war ich mit unseren Söhnen oft durch den Garten gegangen. Wir waren auch vor diesen Bäumen stehen geblieben.

»Schau mal nach oben! – Schaust du auch manchmal nach oben? Ab und an solltest du auch mal in die Baumkronen schauen«, forderten sie mich auf.

Meine Güte, das tat ich so gut wie nie. Ich hatte schon mit meinem Auf-den-Boden-Blicken und dem Geradeaus-Gucken genug zu tun. Ich legte den Kopf in den Nacken und sah hoch.

»Siehst du, wie selbstverständlich geradlinig diese Ahorne zum Licht streben? Sie sind inzwischen mindestens sechsmal so hoch wie wir. Es ist, als ob sie die Sonnenstrahlen genössen. Und in dem Efeu, der sich an ihnen hochrankt, dürften einige Vogelnester verborgen sein. Sieh dir die Ahornwipfel an. Der Efeu wächst nicht bis ganz in die Spitze. Das tut er nie.«

Spät kam es also dazu, dass ich zum ersten Mal einen Efeustamm anfasste. Mit »spät« meine ich die Jahrzehnte, die es gebraucht hat, bis ich diese Ranken eines Blickes, Hinschauens und einer Berührung würdigte. Dabei sind sie so auffällig, sind eigentlich nicht zu übersehen, allein schon, weil sie das ganze Jahr über Blätter tragen. Nun, ich hatte es dennoch geschafft. Wieder einmal musste ich mir eingestehen, wie verengt mein Blickfeld war und weiterhin ist. Immer und immer wieder stieß und stößt meine Wahrnehmungsfähigkeit an ihre Grenzen. Jahraus, jahrein, im Sommer wie im Winter, hätte ich mich an diesen immergrünen Pflanzen erfreuen können. Aber zu mehr als zu einem vagen Wissen davon, dass der Efeu und die Ahorne zusammenlebten, hatte es nicht gereicht.

Im Winter saß ich auf dem Sofa und konnte durch das Fenster unsere Ahorne mit ihrem Bewuchs sehen. In der jetzt blätterlosen Krone saßen häufig Ringeltauben. Diese großen Vögel hatten schon einige Male hier auf dem Grundstück gebrütet. Vielleicht waren die, die jetzt in den Wipfeln hockten, ihre Nachkommen. Die Nester der Ringeltauben sind weder kunstvoll gebaut noch mit Moos gepolstert, ein paar kreuz und quer liegende Stöckchen genügen. Als sich einmal ein Nest auf Augenhöhe befand, konnte ich die Tiere gut beobachten. Der brütende Vogel hielt den Kopf in meine Richtung gedreht. Zweifellos betrachteten seine dunklen, kugelrunden Augen mich. Sahen sie mich an? Was könnten sie sehen? Ich wusste nicht einmal, ob die Taube Angst vor mir hatte. Sie würde auffliegen, wenn ich mich hastig bewegte. Aber ob aus Furcht oder Vorsicht, ob vor Schreck oder um mich vom Nest wegzulenken, darüber konnte ich nur Mutmaßungen anstellen.

Ich ging mit unserem älteren Sohn hin, um mir den Efeubewuchs der Ahorne mit Muße anzuschauen. Dessen Hochranken vollzog sich nicht lotrecht, sondern in Windungen. Dabei war oft ein Leerraum zwischen Efeu und Ahorn entstanden. Die dicksten Efeulianen lagen nicht überall am Stamm an.

»Sieh dir mal diese Würzelchen an, die hier aus dem Efeu wachsen, wie hart sie sind, fast wie Borsten«, sagte ich.

»Nein, das siehst du falsch«, erwiderte er und strich mit den Fingern über die Auswüchse. »Diese kleinen Dinger hier sind keine Wurzeln, auch wenn es vielleicht so aussehen mag. Sie saugen damit nicht den Ahorn aus und ernähren sich nicht von ihm. Der Efeu ist kein Parasit. Also ist auch der Ahorn kein Wirtsbaum. Er ist die Stütze des Efeus. An ihm kann er hochranken. Sein Wasser und seine Nährstoffe holt er sich wie alle Bäume aus dem Boden. Dort unten hat er seine Wurzeln!«

»Und wie nennt man das hier?«

»Es sind seine Kletterhärchen. Du kannst sie auch Haftwurzeln nennen, auch wenn das irritierend klingt. Mit ihnen hält er sich fest und klettert weiter hoch. Das macht dem Baum nichts aus. Und sein Bewuchs ist ein Refugium für Vögel und allerlei kleines Getier.«

Das war eine deutliche Richtigstellung. Ich hatte, was ich sah, auf eine typische Weise fehlgedeutet. Ich hatte Ausbeutung gesehen, wo in Wirklichkeit ein schadloses Zusammenleben war. Ich schaute noch einmal genauer hin. Es waren ausschließlich die jungen, biegsamen Triebe, die sich an die Ahornrinde anschmiegten und mit ihr verwachsen waren. Ich fasste hin, es war mir nicht möglich, einen Teil davon abzureißen, so fest saßen sie. All diese Triebe bildeten ihre Haftwurzeln immer zu der Seite hin aus, wo es etwas zu greifen gab. Sie trieben also nicht rundherum ihre Kletterhärchen aus, sondern nur dort, wo sie auf irgendeine Art von Gegenhalt trafen. Das konnte ein Baum sein oder auch eine Mauer.

»Sieh dir die Krone an! Efeu wächst nicht bis in die Krone hinein, das kann allenfalls bei jungen Bäumen geschehen, den hochstämmigen bleibt immer genug Licht. Das ist perfekt, es passt.«

Efeu beginnt oft erst nach zehn bis zwanzig Jahren zu blühen, und zwar im Spätherbst, dann, wenn viele andere Früchte schon von den Vögeln gefressen wurden. In einem warmen November stand ich unter den Ahornen, hörte Insekten schwirren und sirren und sah zum ersten Mal die kleinen gelben Blüten und später die dunklen Beeren. Sie gehören für so manches Insekt und so manchen Vogel zur letzten Nahrung des Jahres, wenn viele Büsche und Bäume schon nichts mehr zu bieten haben.

»Wenn du darauf achtest, bemerkst du, dass die Tiere bei abwechslungsreicher Bepflanzung und folglich bei unterschiedlichen Reifezeiten der Früchte und Beeren länger etwas zu fressen finden. Dann sorgt der Garten dafür, dass immer etwas da ist.«

Ich freute mich, als ich eines Tages sah, dass eine Efeupflanze begonnen hatte, den Schuppen zu erklimmen. Sie hatte sich dort, ich wusste nicht, wie, angesiedelt und schob sich nun hoch, indem sie ihre winzigen Härchen mit den Ziegeln verband. Meinem Gefühl nach hatten die Ziegel eine glatte und harte, also eine abweisende Oberfläche. Nicht jedoch für die Pflanze. Ich sah, dass die Hafthärchen wie ein harter Quast aus den Trieben wuchsen. An der Mauer teilte sich dieser Quast in seiner Mitte, legte sich flach an, drückte dabei die harten, kurzen Härchen zu beiden Seiten und saugte sich so auf, an und in den Steinen fest. Ich sah immer wieder hin, begriff nach und nach, wie dieser kleine Klettermax mit der ihm eigentümlichen Beständigkeit, Hartnäckigkeit und Ausdauer die Mauer erklomm. Je größer die Pflanze wurde, je mehr Ranken und Blätter sie hervorbrachte, desto schneller kletterte sie. Seitdem ich ein wenig mehr über diese für unsere Breitengrade nicht ungewöhnliche Pflanze weiß, wünsche ich mir, sie möge die Mauern und das Dach unseres Schuppens in den nächsten Jahren mit ihrem Immergrün umhüllen und so zu einer weiteren Heimstatt für mögliche Bewohner werden lassen.

Im Frühling begann der sibirische Flieder, ein niedrig bleibender, gerade mal hüfthoher Busch, rund um sich Schößlinge aus der Erde zu schieben. Er nahm auf diese Weise an Umfang, aber nicht an Höhe zu. Es schien ihm zu gefallen, sich so auszubreiten. Die Pflanze war umgeben von dichtem Klapperkraut, das schon in den Busch hineingewachsen war. Ich schob es ein wenig zur Seite, sodass ich sehen konnte, wo noch weitere Wurzeltriebe des Flieders aus dem Boden kamen. Dort rupfte ich das Kraut ab. Ich wollte es dem neuen Schößling ein wenig heller machen. Ich wusste wohl, dass diese Hilfe nicht nötig war, auch ohne mein Eingreifen würde der Trieb seinen Weg ins Sonnenlicht finden. Es war eine Geste ganz aus dem Augenblick heraus. Es war, als würde ich mich mit diesem Helfen für einen kurzen Moment mit der Pflanze verbinden, als würde ich diesem sibirischen Flieder unmittelbar Aufmerksamkeit und Zuwendung spenden. Aber womöglich gab ich damit gar nicht in erster Linie acht auf die Pflanze, sondern vielmehr auf mich. Oder beides vermischte sich in meinem Handeln und Empfinden.

Ob Pflanzen wohl fühlen können? Und ob dieses Empfinden unserem Spüren ähnlich ist?

Und ob wohl stimmte, was unsere Söhne sagten, dass die Pflanzen ohne mich genauso glücklich seien?

Oder war beides zusammen auf eine paradoxe Weise richtig? Ich würde mir Zeit nehmen, Gartenzeit, um darüber zu sinnieren.

An einer schattigen Stelle der Hausmauer bemerkte ich ein Bäumchen, das ich dort nicht gepflanzt hatte. Seine Stängel waren nicht grau oder braun, sondern merkwürdig grün gemasert. Es wuchs schnell, und im darauf folgenden Jahr begann es zu blühen, zunächst ganz unspektakulär. Aber die Blüten nahmen Tag für Tag an Größe zu, und zuletzt hingen die Früchte wie rote Laternen an den saftig grün gewordenen Ästchen im kräftigen dunkelgrünen Laub. In einem Bestimmungsbuch fand ich den Namen des Strauches: Pfaffenhütchen! Er stammte offensichtlich aus der Zeit, als katholische Priester ähnlich geformte Kopfbedeckungen getragen haben.

Ich erfuhr zudem, dass diese Bäumchen zur Familie der Spindelbaumgewächse gehören. Ihr Holz lässt sich sehr gut biegen, ohne zu brechen. Früher, als die Frauen noch am Spinnrad Wollfäden spannen, wurden aus ebendiesem Holz Spindeln gefertigt. Das Spinnen und Weben und die damit verbundene Herstellung von Werkzeugen bildeten ein praktisches Wissen. In unserem heutigen Alltag begegnet es uns nicht mehr. Da wir keine Spindeln mehr brauchen, ist auch das meiste Wissen über sie aus unserem Leben verschwunden.

Aus seinen Blüten bildet das Pfaffenhütchen auffallend schöne rote Samenkapseln, die, reif geworden, aufspringen und in denen dann wie in einer mit Samtpapier ausgeschlagenen Verpackung vier orange Samenkerne liegen. Diese werden besonders gerne von Rotkehlchen gefressen, weshalb der Busch auch Rotkehlchenbrot genannt wird. Für uns Menschen sind sowohl die Früchte als auch die Blüten, Stängel und Blätter unbekömmlich. Aber Drosseln, Meisen oder dem Kleiber macht diese Giftigkeit nichts aus. Die Samen gehen, wie viele Samen, durch den Verdauungstrakt der Vögel und kommen dabei im Magen und im Darm mit bestimmten Bakterien in Kontakt. Das erhöht ihre Keimfähigkeit und schützt sie, wieder ausgeschieden, vor jenen Pilzen, die gerade zu Beginn ihr Wachstum hemmen können.

So ein kleiner Vogelkörper mit seinen im Verhältnis zu unserem Körper winzigen Organen verträgt die für uns giftigen

Früchte, ja sie sind sogar nahrhaft und hilfreich für den Erhalt seiner Art. Wie seltsam! Jedoch für Vögel und Samen in ihrer beständigen Wiederkehr selbstverständlich. Oder: Wie eigenartig das Alltägliche und das Alljährliche doch sein können!

Mithilfe der Vögel verbreitet sich das Pfaffenhütchen stark in unserem Garten, vor allem im Schatten der größeren Bäume. Im Sommer hängen manche Pfaffenhütchen voller Gespinste. Es sieht aus, als habe ein feiner weißer Schleier den Busch überzogen. Als ich dies das erste Mal bemerkte, dachte ich, die Pflanze würde es nicht überleben. Hunderte von schnell wachsenden Raupen fraßen Blatt um Blatt, bald waren die Ästchen kahl und nur noch von unzähligen Fäden bedeckt. Ich stand davor und betrachtete die sich windenden, fingergliedlangen weißlichen Raupen.

Es hatte etwas Ekliges. Vor allem die ständigen irgendwie schlangenähnlichen Bewegungen der Tierchen in ihrem Fadengewebe stießen mich ab. Dennoch ging ich immer wieder hin, um sie mir anzuschauen. Und allmählich verwandelte sich meine Abscheu in respektvolle Scheu. Scheu angesichts dieses in wenigen Tagen gesponnenen seidigen Schleiers und seines animalischen Innenlebens. Dann begann die Verpuppung. Dicht an dicht hingen helle Kokons in der gewobenen Wohnstatt. Irgendwann, ich habe die Tage nicht gezählt, waren alle Nachtfalter geschlüpft, und der Baum begann wie auf ein Signal hin erneut Blätter auszutreiben. Bald darauf war er wieder so grün wie zuvor. Nebenbei begriff ich, dass es unter den Schmetterlingen sehr viel mehr Nacht- als Tagfalter gibt. Nur ein Zehntel dieser Tiere fliegen im Hellen, alle anderen sind überwiegend nachts unterwegs.

Im Herbst hatte ich ein vergleichbares Erlebnis. Auf dem blechernen Briefkastendeckel sah ich etwas Kirschgroßes kleben, gleichmäßig rund und goldgelb. Ich griff danach. Aber kaum, dass meine Fingerspitzen das Kügelchen berührten, blähte es sich auf und wurde zu einem vibrierenden Etwas.

Ich beugte mich darüber, um es ganz genau zu betrachten: Da stoben Dutzende von winzigen Spinnen auseinander. Offenbar hatte ich gerade ihre fein gesponnene Behausung beschädigt. Aber wahrscheinlich war ich ihrem Ausschlüpfen nur kurz zuvorgekommen. So viele auf so engem Raum! Es war das erste Mal, dass mir eine derartige Begegnung widerfuhr.

Vor Spinnen ekelt es mich nicht, vor allem im Herbst haben wir davon viele im Haus, und in meinen Kinderjahren schienen sie in allen Winkeln zu sitzen. Jetzt wollte ich wissen, ob sich eine weitere Spinnenkinderstube auch anderswo finden ließe. Erstaunlich schnell wurde ich im Erdbeerbeet fündig. Dort hatte sich ein Spinnenweibchen eine Erdbeerpflanze ausgesucht, um seinen Eiersack anzukleben. Es hatte ein Blatt mit seinen Fäden umwickelt und diese so angezogen, dass sich das Blatt zu einem trichterförmigen Gebilde rollte. In ihm saß die Spinne mit einem Sack voller Spinneneier, der mindestens doppelt so groß war wie sie selbst. Ich ging in die Hocke, um sie aus nächster Nähe zu betrachten. Fast konnte ich mir einbilden, dass die Spinne wiederum mich ansah und sich fragte, ob ich sie wohl am Leben lassen würde.

Jeden Tag schaute ich nach ihr. Und dann war das Muttertier verschwunden, die Spinne hatte ihr Bauwerk verlassen, aber den Eiersack zurückgelassen. Ihre Nachkommenschaft war geschlüpft und krabbelte noch in ihrer Geburtshöhle herum. Einen Tag später hatten sich auch die kleinen Spinnen in ihre nächste Umgebung verflüchtigt.

Inmitten solcher Geschehnisse fühle ich mich oft wie ein Kind. Mir ist dann, als würde ich mit dem offenen Blick eines kleinen Mädchens vieles zum ersten Mal beobachten. Hatte ich denn in meinen Kinderjahren so wenig gesehen? Vielleicht konnte ich mich nur nicht erinnern. Oder hatten die Bilder irgendwann verblassen müssen? Ich weiß es nicht. Wenn ich mich der Gänseblümchen meiner Kindheit entsinne, mache ich die Vergangenheit für einen Moment zur Gegenwart. Aber diese Kindlichkeit hier ist eine andere, ich hole nicht die Vergangenheit ins Jetzt, sondern ich erschaffe eine eigenständige, unmittelbare Gegenwart. Ich spüre, wie die Entdeckungsfreude zunimmt, wie genaues Wahrnehmen und tiefgründiges Staunen mich herausreißen aus dem Gefüge meines erwachsenen Erinnerns. Es ist, als würden neben meinen sechs Lebensjahrzehnten nun auch sechs Mädchenjahre gleichwertig bestehen können und bestehen dürfen.

So erging es mir auch, als ich mich zum ersten Mal vor einem besonders großen Ameisenhügel niederkniete. Einer unserer Söhne hatte mich auf ihn hingewiesen. Auf den ersten Blick war es nur ein von Gras durchwachsener Erdhaufen, ich hatte ihn bislang nicht bemerkt, weil die Wiese, anders als früher der Rasen, kein leicht überschaubares Areal mehr bildete. Ich nahm ein Stöckchen und bohrte vorsichtig in den Hügel. Und siehe da, fast sofort krabbelten große gelbe Ameisen nach oben. Ich hörte sogleich auf, wollte nicht noch mehr zerstören.

Ich hatte aus Neugierde gehandelt, aus purer Neugierde, ohne einen bestimmten Zweck. Das freute mich. Etwas in mir lockerte sich. Nach und nach entdeckte ich weitere Hügel, kleinere und größere. Und häufig geschieht es, dass ich beim Gang durch den Garten merke, wie weich der Boden unter mir an manchen Stellen ist. Als würde ich unvermutet ein paar Schritte lang über einen nachgebenden Grund gehen. Es sind die Ameisen, die hier leben, den Boden durchlüften und ihn lockern.

Innerhalb des Baum- und Strauchstreifens, der unser Grundstück umgibt, entsteht auf der Wiese mittlerweile ein kleiner Waldgarten. Bis jetzt erheben sich dort zwei hochstämmige Apfelbäume, eine hochstämmige Süßkirsche, die alte Rotbuche, eine Robinie, ein mittlerweile kräftiger Pfirsich und die mächtige Walnuss. Wo wir unsere Wege durch die Wiese mähen, wachsen Aronien, eine Stachelbeere, Himbeeren, Brombeeren, rote, weiße und gelbe Johannisbeeren, zwei Kornelkirschen, eine Feige, zwei Robustikosen, eine Ebereschenmispel, zwei Weintrauben, zwei Ölweiden und vier Sibirische Blaubeeren.

Die hohen Bäume, die niedrigen Büsche, die Gräser und Wildkräuter der Wiese bilden eine neuartige, sich von Jahr zu Jahr wandelnde Einheit. Nur die hundertdreißig Jahre alte Rotbuche scheint unverändert vor dem Haus zu stehen. Sie wächst so langsam, dass es für uns nicht zu bemerken ist. Um ihren Stamm herum sind Weißdorn, Ahorn, Pappel, Holunder, Eichen und Wildrosen hochgekommen. Diese jungen Pflanzen können trotz des Schattens gedeihen. Unsere Himbeeren und Brombeeren sind innerhalb von zwei Jahren zu Büschen herangewachsen, die im Frühling kräftige neue Triebe bilden, sei es an den vorjährigen Ästen oder als neue Wurzeltriebe. Ich beschneide sie regelmäßig, um sie ein wenig zu bremsen. Ich will nicht, dass sie eine noch größere Fläche einnehmen, und weiß zugleich, wie fragwürdig dieses Zurückdrängen ist, wie viel es über mein Verhältnis zu starkem pflanzlichen Wachstum verrät.

Anscheinend fühlt sich irgendetwas in mir weiterhin davon bedroht, dass manche Pflanzen überhandnehmen. Die sehr schnell wachsende Brombeere zu beschneiden ist sinnvoll. Aber ich merke, wie unter dieser gärtnerischen Notwendigkeit noch eine andere Ebene schlummert, eine irgendwie geartete Angst. Wovor? In der scheinbar harmlosen

Brombeere zeigt sich eine Lebenskraft, die meine menschliche Vitalität zu übersteigen scheint, ja wirklich übersteigt.

Andere Pflanzen wie der Granatapfel oder die Kakis wachsen sehr langsam, bei ihnen wünschte ich mir ein schnelleres Hochkommen. So werde ich immer wieder auf mich zurückgeworfen mit meinen Wünschen und Vorstellungen.

Die vom Sommer bis in den Herbst hinein reifenden Früchte können wir nicht alle essen, verschenken oder verarbeiten. Vieles bleibt einfach hängen. Noch im November picken die Spatzen und Meisen daran.

Die sibirischen Blaubeeren im Halbschatten des Pfirsichs trugen bald nach dem Anpflanzen. Schon im zweiten Jahr konnten wir ihre blauvioletten, seltsam tonnenförmigen Beeren essen. Es war damals das erste Mal, dass ich diese Früchte in Hand und Mund nahm. Sie waren sauer, aber auf eine Art, die ich nicht einordnen konnte. Hatte ich sie zu früh gepflückt? War es wie bei den Stachelbeeren? Ich erinnerte mich noch gut daran, wie sich mein Gaumen zusammengezogen hatte, wenn ich als Kind aus Neugierde eine unreife, harte Beere gegessen hatte. Allerdings musste ich nicht darüber rätseln, woher dieser saure Geschmack kam. Ich hatte sie schlicht zu früh gegessen, die Stachelbeeren würden ihre volle Süße erst in den nächsten Tagen erreichen. Beide, die unreife wie auch die reife Stachelbeere, waren in meinem Geschmacksgedächtnis gespeichert. Aber bei den Blaubeeren konnte ich die Reife nicht danach bestimmen, wie sauer sie waren. Ich würde erst einmal meine Erfahrungen mit ihnen machen müssen.

Auch die Früchte der Ölweiden waren mir wie der Strauch selbst unbekannt gewesen. Die Ölweide wächst kräftig und trägt im Spätsommer viele gelbe oder rote Früchte. Sie sind klein wie Erbsen und fremdartig süß. Sie sitzen zu Dutzenden an einem Stängel, es dauert, bis ich ein Schälchen voll gepflückt habe. Das dürfte auch der Grund sein, warum es diese Früchte nicht im Supermarkt zu kaufen gibt. Ihre Ernte wäre zu zeitaufwendig. Und da sie für den Anbau in Obstplantagen nicht geeignet sind, sind sie aus unserem kulturellen Gedächtnis verschwunden. Dasselbe gilt auch für die Maulbeeren. Sie sind nicht lagerfähig, und so gibt es sie auch nicht zu kaufen.

Ähnlich neu war für mich die Aroniabeere. Dabei soll es diese robuste Pflanze früher oft in den Gärten gegeben haben. Unser älterer Sohn fand eine kleine Gärtnerei in der Nähe, wo man ihm zwei Exemplare dieses Strauches verkaufte.

»Zugegeben, Aroniabeeren sind recht bitter. Aber sie sollen sehr gesund sein und werden entsprechend teuer verkauft. Es gibt zurzeit einen richtigen Ansturm auf sie. Du solltest sie erst spät im Jahr ernten, ab Oktober, auch wenn sie schon vorher reif aussehen. Du kannst sie auch ein paar Tage zum Trocknen hinlegen, sie verschrumpeln dann und sehen ein bisschen aus wie Rosinen. Iss den ganzen Winter über davon, sie werden dir guttun.«

Die Kornelkirsche war früher ein weitverbreiteter Strauch. Ich wusste jedoch nichts von ihr. Als Kind kannte ich zwar den Geschmack von Apfelsinen, Bananen oder Ananas. Die ersten gezuckerten Ananasstückchen fischte ich aus einer Dose mit sogenannten Cocktailfrüchten. Aber ich wusste nicht, wie eine Kornelkirsche schmeckt, ja ich wusste nicht einmal, dass es sie schon sehr lang als hiesige Pflanze gegeben hat und weiterhin recht häufig gibt. Auch dieser Strauch kam bestellt von unseren Söhnen zu uns. Für mich waren es zunächst ausschließlich die Früchte, die mich lockten, die dunkelroten, ungewöhnlich süßen Kornelkirschen. Dem Busch mit seinen kleinen und, wie ich erst später bemerkte, sehr frühen gelben Blüten schenkte ich zunächst kaum Aufmerksamkeit. Aber ich las nach. Die Menschen hatten das Holz der Kornelkirsche früher wegen seiner besonderen Härte und Haltbarkeit für Lanzen, Speere und andere Gerätschaften verwendet, zum Beispiel für Zahnräder in den Mühlen. Und wie fast alle Pflanzen gilt auch die Kornelkirsche als Heilpflanze, deren Blüten, Blätter und Früchte bei vielerlei Erkrankungen helfen sollen.

Dass Bäume, Büsche und andere Pflanzen in früheren Zeiten vielfältig Verwendung fanden, muss mit einer besonderen Wertschätzung verbunden gewesen sein. Mit dem nachlassenden Gebrauch schwand auch das einschlägige Wissen, und damit ging auch die Wertschätzung verloren. Heute sind nicht selten nur noch die Früchte von Bedeutung. Aus einer Nutzpflanze ist dann, wie das Beispiel der Kornelkirsche zeigt, eine Genusspflanze geworden. Ob eine solche Pflanze verschwindet oder nicht, berührt uns nicht mehr. Dabei ist die vielfältige kulturelle Geschichte, die uns mit den jeweiligen Pflanzen verbindet, durchaus noch greifbar. Wir können nachlesen, dass sich aus bestimmten Hölzern Waffen fertigen ließen oder Orgelpfeifen. Vor dem Siegeszug der Kunststoffe, die auf Erdöl basieren, war Holz das Ausgangsmaterial vieler Alltagsgegenstände und seine Bearbeitung die Grundlage zahlreicher handwerklicher Fähigkeiten: Tischler, Drechsler, Böttcher, Stellmacher und Zimmerleute, sie alle arbeiteten in intimer Kenntnis seiner Qualitäten. Darüber hinaus basierten viele technische Erfindungen und wissenschaftliche Erkenntnisse auf Holz.

Und noch immer hat Holz als Baumaterial und als Ausgangsstoff der Papierherstellung eine große Bedeutung. In den letzten Jahrzehnten jedoch ist zu diesem Gebrauch ein neues, existenziell dringliches Brauchen hinzugekommen.

Wir haben begriffen, wie die Atmosphäre unseres Planeten von seinen Wäldern und Urwäldern abhängt. Wir wissen, wie viel die Bäume dazu beitragen, Bodenerosion, Versteppung, Wüstenbildung und die Aufheizung unserer Atmosphäre zu bremsen. Wir sind in höchster Not. Wir wollen die Wälder nutzen, um unsere Zukunft zu retten. Jetzt sollen sie möglichst schnell und vielerorts wachsen. Weniger als je zuvor können wir den Bäumen ein Eigenleben zugestehen, das nicht an das Wohlergehen, ja an den Fortbestand unserer Spezies gebunden wäre.

In den Läden meiner Kindheit gab es Kiwis als frisches Obst nicht zu kaufen. Ich wusste lange nicht einmal von der Existenz dieser Frucht. Als wir in unserem Garten die ersten beiden Kiwis setzten, erwiesen sie sich als ungewöhnlich schnell wachsende Pflanzen. Zügig bildeten sich lange Triebe mit saftigen Blättern aus. Wir bauten ein gitterartiges Holzgestell, an dem sie emporranken konnten. Ihre Triebe schoben wir durch das Gitter, wo sie Halt fassten, sich fortan von selbst um die Holzstäbe wanden und zu dicken Ästen wurden. Im dritten Jahr stand ich fassungslos vor diesem Gewächs. Die Geschwindigkeit, mit der es wuchs, war mir fast ein wenig unheimlich. Ein derart rasches Emporkommen schien mir am ehesten in die Tropen zu passen. Auf so viel unbändige Kraft musste ich reagieren. Fast war es so, als ob nicht nur Mensch und Pflanze, sondern auch zwei Kulturen aufeinanderträfen.

»Schneide die längsten Triebe ruhig ab, das schadet nichts«, sagte unser jüngerer Sohn. Also schnitt ich ab. Und es wuchs umso kräftiger nach. Als eine der Pflanzen zum ersten Mal Blüten ausbildete, erkannte ich, dass sie eine männliche Kiwi war. Die weibliche ging leider ein.

»Wir werden zwischen den Bäumen auf der Südseite eine

neue weibliche Kiwi pflanzen«, beschlossen unsere Söhne. »Wir kürzen dort eine Sauerkirsche auf zwei Meter, dann kann sie sich an ihr emporranken und von dort aus weiter nach oben in das Blattwerk der umstehenden Bäume hineinwachsen.«

Als während eines starken Sturms das Holzgerüst zerbrach, mussten wir, um die Pflanze aus den Resten zu befreien, die ursprüngliche Rankhilfe zersägen. Denn sie war mittlerweile kaum mehr vom verholzten Geäst zu trennen. Aber zufällig war an dieser Stelle eine Hainbuche hochgekommen, die bald groß genug sein würde, um der Kiwi als Halt zu dienen. Ein Vogel oder der Wind hatte für diesen Ersatz gesorgt. Langfristig sollten die beiden Kiwis eine Art Pergola bilden. Dazu banden wir das eine Ende einer Hanfschnur an die langen Austriebe und führten das andere Ende an den nächsten Ast eines hohen Baumes. Mithilfe dieser Schnüre sollten die Ranken in die Bäume hineinwachsen.

Dieses Wachsen in andere Pflanzen hinein ist ein Vorgang, der mich an einen Dschungel denken lässt. Dort findet die Ausbreitung stets auf mehreren Ebenen statt, und gerade das Ineinander der Pflanzen steht für seine strotzende Üppigkeit.

Aber nur ganz wenige unserer Büsche und Bäume wachsen in einem solchen Tempo. Zu meiner Überraschung zeigte der Szechuanpfeffer, ein langsam wachsendes Gewächs mit wenigen großen Dornen, bereits nach zwei Jahren Fruchtansätze. Aus seinen kleinen roten Blüten entstanden die ersten roten Pfefferkörner. Leider sind sie zu Boden gefallen, bevor ich sie pflücken konnte. Und in der Wiese ließen sie sich nicht mehr finden. Ich werde im nächsten Jahr darauf achten müssen, sie rechtzeitig zu ernten.

Die Mannigfaltigkeit im Garten, die beständige Veränderung und unentwegte Erneuerung nimmt von Jahr zu Jahr zu. Ende Februar gibt die Mirabelle ein erstes Beispiel. Der Anblick weniger Blüten wäre unspektakulär. Die Fülle macht das Spektakel. Tausendundeine Blüte zeigen das Schauspiel der nun wieder einsetzenden Fruchtbarkeit. Noch fliegen keine Insekten. Aber die Mirabelle ist ein Selbstbestäuber. Ungezählte gelbe Früchte werden im Sommer ausreifen und zu Boden fallen, dort verfaulen und im eigenen Saft vergären. Einige Tage lang werden sich dann Schnecken, Insekten und Vögel von ihrem Geruch anlocken lassen. Mein Mann und ich essen kaum von den Mirabellen, im Gegensatz zu den Tieren schmecken sie uns nicht besonders.

Die beiden Apfelbäume unserer Söhne gehören mittlerweile zu den höchsten Bäumen. Stehe ich während der Apfelblüte unter ihren Kronen, so höre ich das Summen der Bienen und Hummeln und sehe, wie die Bienen mit ihren pollengelben Hinterbeinen von Blüte zu Blüte schwirren. Die meisten dieser befruchteten Blüten weht es von den Zweigen. Und wieder ist es der schiere Überfluss. Nicht alle befruchteten Blüten, die am Baum hängen bleiben, werden die heranwachsenden Äpfelchen bis zur Reife behalten. Auch von ihnen werden sich in den nächsten Wochen viele vom Baum lösen. Er kann nicht alle Äpfel reifen lassen. Und die Vergeudung geht weiter.

Aber eigentlich sind die Begriffe Verschwendung, Überfluss und Vergeudung nicht richtig.

Diese Wörter sind zu sehr von uns Menschen her gedacht. Im Herbst wird der Baum so viel Obst tragen, dass wir einen Teil der Äpfel am Boden liegen lassen. Im Winter kommen Wacholderdrosseln als Zugvögel und picken das Fruchtfleisch und die Kerne aus der Schale. Schon vorher haben der Igel und die Mäuse davon gefressen, und für ungezählte klei-

nere Lebewesen sind sie ebenfalls Nahrungsquelle gewesen.
Auch diese Äpfel werden also wieder in den großen Kreislauf
zurückgeführt. Da ist kein Überfluss, der unnötig oder un-
sinnig wäre. Dies behauptet nur unser Zweck- und Verwer-
tungsdenken. Und nicht selten neigen wir als Gärtner sogar
dazu, die unserer Ansicht nach zu zahlreichen Äpfel als Belastung, ja manchmal geradezu als eine Belästigung zu empfinden, als hätten wir Angst vor so viel Fülle in der Natur.
Also sammeln viele von uns die Früchte ein und schmeißen
sie auf einen Haufen.

Dieser Ordnungszwang entbehrt nicht einer gewissen
Komik. Wenn die Äpfel uns auslachen könnten, würden sie
es gewiss tun.

Fülle kann schön sein. Aber es fällt uns nicht leicht, das Übermäßige als schön zu empfinden. Kulturelle Verschwendung
und kulturellen Überfluss kennen wir fast nur noch als zer-
störerische Mächte. Verschwendung, Überfluss oder gar Vergeudung als eine Gabe zu verstehen, ist uns oftmals fremd.
Manchmal sind uns Menschen allerdings Akte der Freigie-
bigkeit möglich, die ohne Hintergedanken sind, ein Geben,
dem nichts vom Nutzbarkeitsdenken anhaftet. Ein Geben,
das immer wieder von Neuem aus der unmittelbaren Gegenwart kommt. Und manchmal gibt es auch Menschen, die ihr
Lachen verschwenden. Oder ihre Gutherzigkeit. Oder ihr
Mitgefühl.

Hier scheinen Überfluss und Verschwendung durchaus
menschliche Eigenschaften zu sein, ein Ausdruck der Daseins-
fülle. Wir können dies manchmal an Kindern wahrnehmen.
Sie ahmen den Überfluss im Spiel nach, dort können sie sich
verausgaben, sie lachen, springen durch Pfützen, versprühen
ihre Lebensfreude, sind in ihrer unmittelbaren Gegenwärtig-
keit anmutig, anziehend und schön.

Stille Helden

Im Rheiderland sind die Eschen wie vielerorts in Deutschland von einem Pilz befallen. Sie verlieren früh ihre Blätter, das Astwerk ragt dann kahl in die Luft. Manche Eschen sind bereits weitgehend abgestorben, andere werden wohl noch absterben. Da in den Kronen so viele Äste tot sind, bilden sich am Stamm Triebe aus. Diese werden Nottriebe genannt, in seiner Not treibt der Baum das dringend benötigte Grün aus der Rinde aus.

Der nächste kranke Baum steht, mit vielen anderen Eschen und einigen Linden, nur hundert Meter von unserem Grundstück entfernt an einer kleinen Landstraße, einer Allee. Wir haben im Garten ebenfalls mehrere Eschen. Einige sind noch klein, andere von mittlerer Höhe, und eine ragt schon an unsere höchsten Ahorne und Pappeln heran. Keine dieser Eschen zeigt auch nur das kleinste Anzeichen der Krankheit. Alle sind gesund, obwohl in nächster Nähe das Eschensterben seinen Lauf nimmt.

»So muss es auch sein«, rief einer unserer Söhne. »In unserem Garten wachsen die Bäume unter guten Bedingungen, sie stehen in einem humusreichen Boden und sind umgeben von anderen kräftigen Pflanzen. Dadurch besitzen sie mehr Abwehrkräfte. Ähnlich wie bei uns Menschen, die einsamen und schwachen werden schneller krank. Die Alleebäume haben es schwer. Auf der einen Seite, zur Straße hin, ist die Erde unter dem Asphalt durch die Vibrationen der schweren Landmaschinen stark verdichtet, auf der anderen Seite liegen die an Mikroorganismen und Pilzen armen Ackerböden, und um die Stämme wächst nur das niedrige Gras, das übertrieben oft gemäht wird.«

»Und dann kommt noch hinzu«, meinte der andere, »dass die Bäume im Frühjahr oder Herbst auf so gleichgültig brutale Art beschnitten werden.«

Im Winter war ich mit ihm diese Allee entlanggegangen. Die Gemeinde hatte gerade Arbeiter zum Beschneiden losgeschickt. Mit einer Rohheit, zu der nur der Mensch fähig ist, hatten sie mit den Kettensägen an den Bäumen herumgefuhrwerkt und waren in unterschiedlichen Höhen mit dem Sägeblatt immer wieder am Stamm abgeglitten. Dadurch ist die Rinde an vielen Stellen stark beschädigt worden. Wenn man sich einen Blick dafür erworben hat, wie schlecht es Pflanzen ergehen kann, so kann man sie an vielen Orten leiden sehen.

Als unser jüngerer Sohn noch Grundschüler war, kam er eines Nachmittags mit einem kleinen Blumentopf nach Hause. Er hatte ihn beim Losverkauf auf dem jährlichen Sportfest gewonnen. »Für mein ganzes Geld habe ich Lose gekauft, ich wollte die Pflanze hier unbedingt haben«, strahlte er und hielt mir den Plastiktopf mit einem winzigen Buchsbaum hin. »Ich geh wieder raus und suche einen Platz.« Er pflanzte ihn in den Schatten zu anderen Büschen. Der Buchsbaum wuchs. Und wir ließen ihn wachsen.

Der immergrüne Buchsbaum ist eine Pflanze, die von den Menschen besonders gern beschnitten wird. Er könnte, wenn man ihn frei wachsen ließe, mehrere Meter hoch und Hunderte von Jahren alt werden. Aber wir kennen ihn fast ausschließlich als einzeln stehenden Zierstrauch oder als auf

Linie gebrachte Hecke und Beeteinfassung. Der Freizeitgärtner will dem Busch eine Form geben, sei es, dass er ihn als Hecke niedrig hält oder einer vereinzelt stehenden Pflanze ein kugeliges oder würfelförmiges Aussehen zu verleihen versucht. Das führt oft dazu, dass die Kugel eher unrund und schief und der Würfel mehr schlecht als recht als ein solcher zu erkennen ist. Ein unbeschnittener Buchsbaum wirkt dagegen fast fremd, einen natürlichen Wuchs gestehen wir ihm nur sehr selten zu. Erst eine radikale Künstlichkeit scheint ihn gartentauglich und akzeptabel zu machen.

Wir pflanzten an einer anderen Stelle ein weiteres handhohes Exemplar. Beide entwickelten sich Jahr für Jahr, Zentimeter für Zentimeter zu kräftigen Büschen. Einer unserer Söhne bemerkte eines Tages, dass der größere von beiden unten kahl war. Die Raupen des Buchsbaumzünslers, eines Nachtfalters, hatten dort gefressen. Ich hätte die blattleeren Stängel nicht bemerkt, sie waren kaum zu sehen, der Falter und seine Raupen nirgends zu finden. Um uns herum trieb das Insekt die Gartenbesitzer dazu, die Pflanzen mit Gift zu besprühen oder gleich ganz herauszureißen. Wir machten nichts. Es blieb bei den wenigen kahlen Stellen. Der zweite Busch zeigte nicht einmal Anzeichen eines Fraßes. Beide Buchsbäume wachsen seitdem weiter, als könne ihnen nichts Schlimmes geschehen.

Vielleicht hatten die vielen Spatzen und Kohlmeisen, die mittlerweile im Garten leben, die Raupen gefressen. Oder die Büsche besaßen so viel Widerstandskraft, dass der Nachtfalter sich lieber schwächere Exemplare suchte. Oder in diesem Fall kam beides zusammen.

Unser Aprikosenbäumchen blieb ein Versuch. Auch bei ihm kamen bereits im Februar die Blüten zum Vorschein. Aber sie sind auf die Bestäubung durch Insekten angewiesen.

»Sollten wir sie vielleicht mit der Hand bestäuben?«, fragte ich meinen Mann.

»Wir könnten es probieren«, war seine Antwort.

Also holten wir eine Leiter und Wattestäbchen. Zuerst gingen wir mit unseren Wattestäbchen zu den Blüten, die wir vom Boden aus erreichen konnten. Dann stiegen wir auf die Leiter. Wie in China, dachte ich, wo es auf einigen der riesigen Monokulturen keine Bienen mehr gibt, dafür aber genug Menschen, welche die Arbeit als Bestäuber mehr schlecht als recht übernehmen. Wir standen also auf der Leiter mit unseren Wattestäbchen. Nach einigen Stunden meinten wir, ausreichend bestäubt zu haben. Aber dann gab es bald Nachtfrost, und alle Blüten starben ab. Mittlerweile haben wir diesen Baum wieder aus dem Garten herausgenommen. Für Aprikosen eignet sich das Klima hier in Norddeutschland noch nicht. Hoffentlich weiterhin nicht.

Dadurch, dass die Winter milder werden, treiben viele Obstbäume früher aus. Für die Bestäuber unter den Insekten ist es jedoch noch zu kalt, um auszufliegen, sodass die Gefahr zunimmt, dass manche Obstsorten keine Früchte mehr ansetzen können. Pflanzen haben in ihren Reaktionsmöglichkeiten durchaus einen gewissen Spielraum. Ein Stück weit können sie sich anpassen, aber eben nur ein Stück weit. Es braucht also weiterhin das Glück, dass es nicht zu allzu frühem Austrieb und zu Spätfrost kommt. Da wir mittlerweile viele unterschiedliche früchtetragende Bäume und Büsche haben, macht es uns nichts aus, wenn einige ihre Früchte nicht jedes Jahr hervorbringen können. Für mich heißt das: Ich muss noch weiter weg von der Vorstellung, dass alles problemlos wächst und heranreift.

»Du leitest doch keine Fabrik, sondern befindest dich mitten in einem lebendigen Organismus«, meinte unser älterer

Sohn, als ich mich über die geringe Zahl der Pfirsiche be-
klagte.

Und dann kam wieder einer dieser heißen Sommer. Jeden
Tag, Woche für Woche, Monat auf Monat, schien die Sonne.
Kein Wölkchen am Himmel, kein Regenguss, kein Gewitter.
Nur Hitze. Alle Gräben ausgetrocknet, Temperaturen um die
35 Grad, viel zu heiß für diese Region an der Nordsee.

In den Gemüsebeeten bemerkte ich die Schäden der anhal-
tend starken Sonnenbestrahlung zuerst an den Bohnen. Wir
hatten einige Reihen Stangenbohnen, die über anderthalb
Meter hoch gewachsen waren. Bis oben hin hatten sie Blattwerk gebildet, viele Schoten waren mittlerweile erntereif, andere wuchsen noch heran. Wegen der Hitze hatten wir dafür
gesorgt, dass der Boden unter einer dicken Lage Mulch feucht
blieb. Aber die Bohnen verbrannten von oben! Zuerst konnte
ich gar nicht richtig einordnen, was da geschah. Die Blätter
wurden erst gelb, dann braun. Und auch die Früchte verdorr-
ten. Sowohl die bereits ausgereiften als auch die nachwach-
senden wurden gelb und dann ebenfalls braun. Innerhalb
weniger Tage waren sie verbrannt. Es gab keine Bohnen mehr,
nichts mehr zum Ernten. Die Pflanzen waren nicht verdurstet,
sondern verbrannt. Gegen ein Verdursten konnte ich sie auf
der begrenzten Fläche der Beete noch bewahren, aber gegen
die übermäßige Sonnenbestrahlung konnte ich nichts tun.

Ähnlich erging es vielen Äpfeln. Die Früchte, die zum
Süden hin am Baum hingen, begannen innerhalb weniger
Tage auf der beschienenen Seite braun und weich zu werden.
»Das nennt man einen Sonnenbrand«, sagten unsere Söhne.
Mir erschien dieser Ausdruck zuerst sehr fremd, bisher hatte
ich ihn nur mit uns Menschen in Verbindung gebracht. Aber
ja, es stimmte. Die Äpfel waren verbrannt, bevor sie ausrei-
fen konnten.

In diesem heißen Sommer war es auch, dass der alte Mann entsetzt berichtete, wie früh in diesem Jahr die Stare seine unreifen Süßkirschen angepickt hätten. Bislang hätten hierzu wenigstens einige ein bisschen rot sein müssen.

»Aber die Vögel hungern, sie finden fast nichts mehr zu fressen«, er schüttelte den Kopf, »es wird immer schlimmer.«

Auch bei uns lagen die noch grünen Kirschen in großer Zahl auf der Erde. Die Hitze machte den Vögeln schwer zu schaffen. Sie fanden auf den industriell bearbeiteten Äckern und den mit Gülle überdüngten Wiesen ohnehin schon zu wenig Nahrung. Bäume und Buschwerk sind rar, kommt dann noch wochenlang heißes Wetter hinzu, fehlen auch die Mücken und Raupen.

Ich wollte in dem besagten Jahr einige Früchte unserer Felsenbirne ernten. Ich hatte in den Tagen vorher schon gesehen, dass sie reif waren. Aber als ich hinging, entdeckte ich, dass auch diese Früchte von einem Tag auf den anderen verschwunden waren, offensichtlich gefressen von den Vögeln. Am Ende des Sommers würden sie auch noch unsere unreifen Weintrauben fressen.

»Die Hühnergrippe«, so der alte Mann, »hat es immer gegeben. Das kannten die Menschen. Oh, das Huhn hat Grippe, riefen sie, es hat weißen Schaum am Schnabel, aber das macht nichts! Und nach ein paar Tagen hieß es, man habe gerade nach dem Huhn gesehen, es sei wieder gesund. Wir sterben ja auch nicht gleich an einer Grippe«, meinte er. »Jeder Vogel will in Freiheit leben, will sein Nest bauen und seine Jungen aufziehen. Und die Hühner wollen picken und scharren und sich bewegen können. Aber der Mensch ist so ein bösartiges Wesen. Er denkt immer nur an sich. Wie viele verschiedene Vögel gab es hier in meiner Kindheit: Fasane, Uferschnepfen, Kiebitze, Störche, Goldammern, Lerchen, Rohrdommeln, und jetzt ist nichts mehr da. Na ja, noch ein paar Spatzen und Meisen. Im Krieg und in der unmittelbaren Nachkriegszeit habe ich nach den Nestern der Wiesenvögel gesucht. Ich wusste genau, wo die Vögel brüteten. Mein Vater war in Gefangenschaft, wir waren sieben Kinder zu Hause, meine Mutter brauchte zu essen für uns, es gab ja nichts, also habe ich Vogeleier gesucht. Und jetzt! Kaum ein Vogel ist mehr da! Und das haben alles wir Menschen gemacht. Für die Tiere wäre es besser, wenn wir nicht mehr da wären.«

Den meisten Pflanzen in unserem Garten war der heiße Sommer zum Glück kaum anzumerken. Die Insekten und die Vögel wurden weniger, aber unsere Büsche und Bäume zeigten, abgesehen vom Sonnenbrand an den Bohnen und Äpfeln, keine Schäden. In den Gärten der Nachbarschaft verdorrte der Rasen. Die wenigen Bäume, umgeben von nackter Erde oder gar Kies, stagnierten, ihre Blätter begannen zu vertrocknen. Bei uns verloren die Halme einiger Gräser in der Wiese ein wenig früher ihre Farbe. Aber die Bäume und Büsche, die Wildpflanzen in der Wiese, sie blieben grün.

»Spürst du das«, fragte mich einer unserer Söhne, »dass es bei euch im Garten kühler ist als anderswo?«

Spüren? Vielleicht sehe ich es vor allem. Wenn ich die ausgedörrten Flächen hier in der Nähe betrachte, so sehe ich die Hitze förmlich. Flirrende Luft. Staubtrockene Flächen. Wenig hohe Gewächse. Kaum Schatten. Nur die brennende Sonne. Zum Glück gibt es bei uns im Garten keine kahlen Bereiche mehr. Und das Grün der meisten Pflanzen zeigt mir, wie wenig verbrannt ist.

Mit lebendigem Grün verbinden wir Menschen immer auch Wasser und Kühle, fast wie bei Oasen in der Wüste. Aber die Hitze wird weiter zunehmen. Stangenbohnen bauen wir mittlerweile nicht mehr an. Ihre Höhe setzt sie der Sonnenbestrahlung stärker aus als der niedrige Wuchs der Buschbohnen. Das Blattwerk der Stangenbohnen ist nicht so dicht. Buschbohnen haben mehr Laub, sie können sich ein wenig selbst beschatten, dennoch leiden auch diese Pflanzen. Auch ihre Blätter beginnen bei starker Sonne zu vertrocknen.

Unser Erdbeerbeet haben wir mittlerweile aufgegeben. Erdbeeren brauchen sehr viel Wasser, wir müssten also ständig gießen. Erdbeeren sind Waldpflanzen, sie stehen in der vollen Sonne am falschen Ort. So gerne ich ihre Früchte esse, wir werden in Zukunft auf sie verzichten. Sie quälen sich allzu sehr.

»Stell dir vor, was die Pflanzen bei einer solchen Hitze machen. Sehen kannst du es nicht unbedingt, aber vorstellen kannst du es dir. Sie geben über ihre Blätter Wasser ab, das sie über die Wurzeln aus dem Boden ziehen. Das Wasser steigt in der Pflanze durch ihre vielen unterschiedlich großen Röhren auf und wird teilweise durch die Blätter wieder ausgeschieden. Manche Bäume können bis zu einigen Hundert Liter Wasser am Tag in die Luft abgeben. Dadurch entsteht auch der Regen. Das meiste Regenwasser bildet sich nicht über die Verdunstung der Meere, wie man vielleicht annehmen könnte, sondern über das, was die Bäume ausschwitzen. Die Wälder rufen dadurch nach Wasser. Über ihnen bilden sich Wolken, die dann abregnen können. Und ist kein Wald mehr da, kann er auch kein Wasser ausscheiden und in den Himmel schicken. Nun ist unser Grundstück natürlich viel zu klein, als dass über ihm etwas abregnen könnte. Aber wir haben mittlerweile so viele unterschiedliche Pflanzen mit so unterschiedlich weit in den Boden hinabreichenden Wurzeln, dass auch die Pflanzen, die nicht so tief wurzeln, etwas davon abbekommen. Deshalb gehen auch die Flachwurzler nicht ein. Sie alle ziehen Nutzen aus ihren Nachbarpflanzen, bilden kleine Gemeinschaften, schützen sich gegenseitig. Und so können sie auch diese heißen Wochen überstehen«, erklärte mir unser Sohn.

Ich begriff, ich sah, dass die Pflanzen sich in der Gemeinschaft gegenseitig stützen und dass ich diesen Zustand ebenfalls unterstützen kann. Es gibt keine Einzelkämpfer, jeder Einzelkämpfer wäre dort auf Dauer zum Hitzetod verurteilt. Er kann nicht bestehen.

Es war im Frühjahr des heißen Sommers, als ich zum ersten Mal ein Experiment wagte, das ganz aus mir herauskam. Ich hatte wie schon seit einigen Jahren alte Sorten von Freilandtomaten vorgezogen. Im vorangegangenen sehr kühlen Sommer hatte ich von meinen sieben Tomatenpflanzen nur ab und an eine Frucht ernten können. Auch dieses Jahr hatte ich zu viele vorgezogen. Nachdem ich einige verschenkt, andere in ein Beet gepflanzt hatte und zwei an die Südseite des Hauses, hatte ich immer noch welche übrig. Wohin damit? Ich ging durch den Garten und stand auf der Südseite vor unserem Streifen aus Bäumen und Büschen. Dort hatten unsere Söhne einen jungen Holunder, eine junge Sauerkirsche und einen jungen Ahorn auf halber Höhe gekürzt, damit mehr Licht auf die Kakis, den Granatapfel, die Kiwis und die Mahonien fiel.

Dazwischen war eigentlich noch Platz. Wie wäre es, dachte ich mir, wenn ich die Tomaten dahinein pflanzte? Sonne würden sie genug bekommen, auch ein wenig geschützt sein vor heftigem Wind oder starkem Regen. Seit mehr als drei Jahrzehnten war der Boden dort unberührt, sich selbst überlassen. Die Bäume und Büsche hatten ihn dicht durchwurzelt. Er dürfte also hervorragender Grund sein. Ich wusste aus den Jahren zuvor, dass die Tomate in ihren wenigen hiesigen Lebensmonaten tief in die Erde hineingeht. Sie wuchert schnell in die Höhe wie in die Breite und vermag ein dichtes Wurzelgeflecht auszubilden.

Am neuen Platz, so dachte ich mir, brauche ich der Tomate auch keine Stütze mehr zu bauen, ich führe sie einfach an den Ästen der Bäume und Büsche hoch. Ich setzte die übrigen Pflanzen also in den Waldstreifen hinein. Sie würden zwar nicht so viel Sonne abbekommen wie in den Beeten, aber sie brauchten auch nicht den ganzen Tag über das volle Licht, sondern vor allem die Wärme der Sonne. Dies war mir schon in den Jahren davor aufgefallen. Anfangs war ich noch verblüfft gewesen, dass sich auch diejenigen Tomaten röteten, die von Blättern verdeckt im Halbschatten standen. Bis ich verstand, dass es neben dem Licht vor allem die Wärme war, die sie benötigten, um auszureifen.

Ich war gespannt. Der Sommer wurde heiß, alle Tomaten bildeten viele Früchte aus. Die Tomaten im Beet musste ich alle paar Tage trotz dicker Mulchschicht gießen, ihre Blätter hingen an manchen Tagen schlapp herunter, es fehlte ihnen das Wasser, und mit dem Erschlaffen der Blätter sparten sie Kraft. Die Tomaten zwischen den Bäumen jedoch zeigten keine Anzeichen von Hitzestress. Sie wuchsen kräftig, und ich band ihre Triebe mit Schnüren an den sie umgebenden Zweigen fest. Schön sah das aus. Und so ungewohnt. Tomaten vor und in einem Waldstreifen!

Vor allem, dass sie die anderen Gewächse als Halt bekommen hatten, gefiel mir. In den Beeten mussten wir sie an Stöcken hochbinden, aber hier konnte ein belaubter Sauerkirschast ihre Stütze sein. Und das Allerbeste: Wir haben diese Tomaten in den heißen Monaten kaum wässern müssen. Sie holten inmitten der Wurzelgeflechte der Bäume und Sträucher genug Wasser aus dem Boden. Es war der Sommer, in dem ich so viele Tomaten erntete wie nie zuvor. Im Herbst begannen die ersten Blätter gelb zu werden, die letzten

Früchte brachten es irgendwann nicht mehr zu reifer Röte. Aber die Stängel standen noch lange grün und kräftig da.

Der heiße Sommer hatte den meisten Pflanzen bei uns im Garten nicht viel anhaben können. Aber dann kam ein Herbst, in dem es weiterhin viel zu warm war. Zwanzig Grad im Oktober, einen derart prächtigen Altweibersommer mögen wir wärme- und lichtliebenden Wesen noch genießen. Gleichzeitig sagt uns etwas in unserem Körper- und Zeitempfinden, dass das nicht stimmig ist. Wenn es eine innere Uhr gibt, die sich an der Erfahrung ausrichtet, zeigt sie uns an, welche Temperaturen zu welcher Jahreszeit wir für normal und natürlich halten. Jetzt im Oktober mit hochgekrempelten Ärmeln in einem ostfriesischen Garten zu arbeiten, kam mir instinktiv verkehrt vor. Sogar im November war es immer noch viel zu warm. Vierzehn Grad tagsüber, nachts um die zehn Grad. Die Wildtulpen waren bereits kleinfingerhoch aus der Erde gekommen. Ich ging an den Büschen und Bäumen entlang. Die Blütenknospen der Pfirsichbäume waren kurz davor, sich zu öffnen. Tulpen- und Pfirsichblüte unmittelbar vor Weihnachten! Die Johannisbeeren standen kurz vor dem Ausschlagen, der Schmetterlingsflieder besaß noch seine diesjährigen Blätter, zeigte aber auch schon seine neuen. Ebenso der Holunder, bei dem die alten Blätter und die neuen unterschiedlich grün nebeneinanderstanden. Das Gleiche bei den Brennnesseln. Und auch der Löwenzahn ruhte nicht, sondern trieb schon wieder mächtig in seiner Mitte aus. In den Blumenbeeten hatte die Jungfer im Grünen im Spätsommer ihre Samen verteilt, und diese keimten nun schon im November, anstatt auf den Frühling zu warten. Alles in allem ein Bild, wie ich es bislang nur im März erlebt hatte.

Besonders deutlich war die Veränderung an der Sibirischen Blaubeere zu sehen. Wie ihr Name schon erahnen lässt, verträgt dieser Busch hohe Minusgrade. Aber nun blühte sie Monate zu früh. Ein Teil ihrer kleinen Blütenbecher hatte sich bereits geöffnet. Wie sollte das weitergehen? Die Blüten waren frosthart, aber was würden sie jetzt weiter tun? Im November Früchte ansetzen? Allein schon ihr helles Gelb passte nicht in die Jahreszeit. Die Sonne hatte nicht mehr viel Kraft, war auch bei klarem Himmel nur für wenige Stunden da. Der November ist der Dämmermonat, der Totenmonat. Die Blüten der Blaubeere gehören nicht in diese Zeit. Sie zeigten ihre Schönheit zur Unzeit. Sie gehören in den Februar, in den Lichtmonat.

Und dann, Mitte November, sank binnen einer einzigen Nacht die Temperatur um zwölf Grad. Minus vier Grad, also Frost! Die Pflanzen hatten diesen plötzlichen Temperaturabfall auszuhalten. Und sie hielten ihn auch aus. Zwar froren die Blüten ab, aber im Februar bildeten sich neue.

Die Pflanzen folgen inneren Rhythmen, der Winter ist in unseren Breitengraden die Ruhezeit, in der das Wachstum weitgehend eingestellt wird. Wenn es aber nun den Winter über derart warm ist, reagieren die Pflanzen mit vorzeitigem Austrieb, obwohl die hellen Stunden des Tages noch nicht ausreichen und die Wärme nicht anhalten wird. Gegen diese Belastung, ja Bedrohung der Pflanzenwelt können wir nichts tun. Wir können die Pflanzen nicht vor extremen Temperaturschwankungen und vor steigenden Temperaturen schützen. Wir überlassen sie notgedrungen dem Spielraum ihrer Möglichkeiten. Wir wissen, dass wir an der weltweiten Verschärfung des Unheils, das mit Recht Katastrophe genannt wird, Schuld tragen. Und der Schaden ist Wirklichkeit. Die Pflanzen kämpfen dagegen an. Sie sind die stillen Helden dieses Geschehens.

Grüngoldene Kätzchen

Es war Sommer. Kein Wölkchen am Himmel, aber wie so oft wehte eine leichte Brise. Mit unseren beiden Söhnen ging ich durch den Garten.

»Hier auf dem Grundstück rund um unser Haus«, meinte der jüngere, »dürfen wir uns auch als Taktgeber des Wachsens verstehen. Wir können mitbestimmen, welche Pflanzen emporkommen und wie schnell sie dies tun. Die Pappel zählt man zu den Pionieren unter den Bäumen. Sie ist anspruchslos und siedelt sich auch auf kargen und verhärteten Böden schnell an. Sie ist eine Art Wegbereiter, eine Vorkämpferin. Sie schafft ersten Schatten, lockert den Boden und reichert ihn an. So können sich andere, langsam wachsende Bäume wie die Eiche ansiedeln. Dies hier«, er zeigte auf einen Baum, an dem wir vorbeigingen, »ist eine Pyramidenpappel. Wenn du in die Wiese blickst, siehst du, wie ihre Sprößlinge dort überall aus Wurzeltrieben und aus Samen hochkommen. Obwohl man die Pappeln Allerweltsbäume nennen kann, flößen sie uns durch ihre Durchsetzungskraft und die Selbstverständlichkeit ihres zügigen Wachstums einen besonderen Respekt ein.«

Ich verstand ihn mittlerweile.

»Achtung zu spüren, fällt uns bei unserer alten Rotbuche viel leichter. Wie von selbst wirkt ihre Krone majestätisch, ihre roten Blätter fallen uns viel mehr auf als das grüne Laub der anderen Bäume. Und ihr Stamm ist so eigentümlich hell und glatt.«

Wir gingen vor der Buche in die Hocke.

»Die mächtigen Wucherungen hier unten am Stamm sind Teil ihrer Wurzeln. Sie sind in den letzten Jahrzehnten nach oben gedrungen. Ihre Wuchtigkeit wirkt erhaben auf uns, als würde sich darin neben dem Alter auch eine eigene Würde ausdrücken. Bei der Pappel ist das anders. Ihr Stamm wächst fast lotrecht aus dem Boden, und ihre Wurzeln bleiben in der Erde verborgen.«

Wir gingen die Baumreihe an der Nordseite unseres Grundstücks entlang. Sie grenzt ohne Markierung an das Nachbargrundstück. Von manchen Bäumen lässt sich gar nicht mehr sagen, auf welcher Seite sie stehen. Einige befinden sich wahrscheinlich direkt auf der Grenze. Jahrzehntelang hatte dort drüben ein arger Eigenbrötler gewohnt. Er hatte gewiss die Bäume geliebt, aber weniger die Menschen. Erst als er gestorben war und wir neue Nachbarn bekamen, habe ich mit ihnen seinen ehemaligen Garten das erste Mal betreten. Er ist das, was man einen Naturgarten nennt. Eine Vielfalt von Bäumen, Sträuchern und Blumen bildet ein Arrangement, das natürlich wirkt. Aber diese scheinbare Natürlichkeit war genau geplant und bis ins Detail bewusst angelegt worden. Während ich mich umsah, entdeckte ich auch ein Pfaffenhütchen, deutlich größer als ich, und eine stark zurückgeschnittene alte Stechpalme. Von diesen beiden könnten unsere weit jüngeren Exemplare abstammen.

»Nicht alle Bäume mögen viel Licht«, sagte unser Sohn. »Manche fühlen sich im Halbschatten wohler, so wie die Eibe, die hier zu uns herüberwächst. Eiben sieht man nur noch selten. Sie fallen auf, weil sie das ganze Jahr hindurch grüne Nadeln tragen. Eine Eibe mag kein direktes Sonnenlicht. Sie liebt es schattig, so wie hier unter den Kronen der höheren Bäume, die sie dicht umstehen. Sie wächst sehr langsam, und ihr Holz wird deshalb außerordentlich hart. Lässt man sie unbeschadet wachsen, wird sie sehr alt, mehrere Hundert Jahre, viel älter als die Pappeln und Ahorne. Aber sie ist rar geworden. Für den Menschen und für das Vieh, das er hält, sind die Nadeln und die lockend roten Beeren giftig. Pferde zum Beispiel werden krank, wenn sie davon fressen, also hat man die Eibe vielerorts ausgemerzt. Große Eiben wurden gefällt, um aus ihren harten Stämmen und Ästen Waffen herzustellen, Pfeile, Bögen, Armbrüste.«

Wie so oft stand ich einfach nur da und hörte unseren Söhnen zu. Es gefällt mir, wie sie von Bäumen und Büschen erzählen. Und das, was sie mir mitteilen, kann ich mir gut merken. Als sie klein waren, haben wir ihnen Geschichten vorgelesen und auch immer wieder welche für sie erfunden. Nun ist es umgekehrt, nun erzählen sie uns. Und wie ich dieses Erzähltbekommen genieße.

Dass die beiden ausgezogen sind, hindert sie nicht daran, Pläne für die Zukunft des Grundstücks zu schmieden. »Wir sollten beginnen«, meinten sie, »einige dominante Baumarten wie den Ahorn oder den Holunder durch Bäume zu ersetzen, die essbare, gut zu lagernde Früchte tragen. Wir haben schon zwei kleine Esskastanien bestellt. Probieren wir einfach aus, ob sie auf diesem Boden und mit dem zukünftigen Wetter klarkommen.«

Mit einem Ahorn und einer normalen Kastanie hatten sie etwas Besonderes vor. Sie sollten in einer Höhe von zwei Metern gekappt werden. An ihren Schnittstellen würden sie neu austreiben, aber als sogenannte Kopfbäume den Boden nicht mehr so stark beschatten wie bisher. Die Kastanie war diejenige, die unser jüngerer Sohn vor Jahren erfolgreich umgepflanzt hatte. An ihrem neuen Ort war sie prächtig gewachsen.

»Dass ich sie damals als einen schon recht großen mehrjährigen Baum verpflanzt habe, war für sie eine enorme Zumutung. So etwas mag kein Baum gern. Je älter Bäume werden, desto umfangreicher ist ihr Wurzelstock und desto schwieriger sind sie zu verpflanzen. Aber das habe ich damals als Junge noch nicht gewusst. Deshalb freut es mich immer aufs Neue zu sehen, dass sie mir das nicht übel genommen hat. Neben sie setzen wir die zweite kleine Esskastanie. Wenn die beiden Maronen größer geworden sind, können wir die Kastanie und den Ahorn erneut beschneiden. Aber solange sie noch kleine Bäumchen sind, dürfen ihre großen Nachbarn stehen bleiben. Wir sollten immer nur dann etwas entfernen oder fällen, wenn es sinnvoll ist. Irgendwann in der Zukunft werden die Maronen die Kopfbäume überragen.«

Er blieb neben einer Pappel stehen. »Und hier«, sagte er, »hier kommt eine chinesische Korkeiche hin.«

Ich sah ihn überrascht an.

»Die möchte ich pflanzen, einfach um auszuprobieren, ob sie hier gedeiht, bis jetzt gibt es sie in Europa kaum. Aber sie könnte gut auf diesen Boden passen. Sie wurzelt sehr tief, bohrt sich regelrecht hinab und ist deshalb gegen Sturm und Dürre gewappnet. In China wird diesem Baum wie unserer südeuropäischen Korkeiche regelmäßig die Rinde abgeschält.«

Schon zwei Jahre später war das exotische Bäumchen auf Mannshöhe angewachsen, hatte viele Verzweigungen und ein kräftiges Blattwerk gebildet. Aber dann entdeckte ich, dass unten am Stamm die Rinde angenagt war. Ich bekam einen gehörigen Schreck. Würde unsere Korkeiche jetzt absterben? Ich machte ein Foto und schickte es. Einer unserer Söhne meldete sich sofort: »Das war eine Maus, der die Rinde offenbar geschmeckt hat. Aber du musst dir keine Sorgen machen. Es ist doch eine Korkeiche. Und wenn es Bäume gibt, die ihre Rinde neu bilden können, dann sind es die Korkeichen.«

Das hätte ich mir eigentlich denken können.

Mittlerweile gibt es bei uns verschiedene Haselnussarten. Den ersten Strauch hatten wir gleich nach unserem Einzug gepflanzt. Aber er trug keine Früchte. »Damit Haselnüsse bestäubt werden, brauchen wir mindestens zwei Büsche«, sagten unsere Söhne und bestellten von anderen Sorten, die besonders große Nüsse tragen sollten, zwei weitere Exemplare.

Auf eine merkwürdig beiläufige Weise hatte ich schon lange gewusst, dass es auch bei den Pflanzen Geschlechtlichkeit gibt. Wahrscheinlich hatte ich sogar vor Jahrzehnten im Biologieunterricht gehört, dass manche Bäume zweihäusig sind, also entweder weibliche oder männliche Blüten tragen, oder dass man sie einhäusig nennt, wenn sich beide Geschlechter, also beide Blütenarten, auf einem Exemplar befinden. Und das konnte ich jetzt auch sehen, wenn ich denn nur genau genug hinblickte. Eine Biologin würde aus mir nicht mehr werden, das wollte ich auch gar nicht. Aber auch ich, die ich hinzuschauen begonnen hatte, konnte mir durch Beobachtung einiges erschließen.

Die Geschlechtlichkeit der Pflanzen ist in unserem Garten allgegenwärtig. In manchen Fällen, wie bei den Blüten der Tulpe oder des Aronstabs, können die pflanzlichen Geschlechtsteile wie Übertreibungen, fast wie Karikaturen der tierischen Geschlechtsmerkmale wirken. Was den Pflanzen offensichtlich fehlt, ist die kulturelle Überformung ihres

Fortpflanzungsgeschehens. Sie scheinen wie nebenbei Sex zu haben. Aber was wissen wir von den Gelüsten, den Lüsten und den geschlechtlichen Ekstasen der Gräser, Kräuter, Büsche und Bäume? Die besondere Zeitlichkeit allerdings, der das Blühen, die Befruchtung, das Reifen und Aussamen gehorchen, können wir beobachten.

Die Anziehung, welche die Tulpen auf mich schon als Mädchen ausgeübt haben, hat über die Jahrzehnte nicht nachgelassen. Im Frühling sind es diese Blumen, abgeschnitten und arrangiert in einer Vase, deren Aufblühen und Verblühen für Geschlechtlichkeit steht. Ich schneide mir einige Stiele mit noch ganz geschlossenen Blüten ab, beraube sie also ihrer ursprünglichen Umgebung und ihres natürlichen Weiterwachsens, stelle sie in eine Vase und damit in eine künstliche Welt. Ihre Schönheit wird dadurch exponiert.

In der Wärme des Raumes öffnen sich die Blüten schnell. Die Blütenblätter neigen sich nach außen, bilden einen Kelch und präsentieren die Geschlechtsteile, die schwarzen Staubbeutel und den Griffel mit seiner Narbe. Die Blütenblätter, immer samtig anmutend, immer in den schönsten Farbtönen, umrahmen dieses Innere. Verwelkend legen sich die Blütenblätter ganz nach außen und fallen nacheinander ab. Je mehr Blätter herunterfallen, desto mehr Prunk. Je mehr Verfall, desto mehr erotisierende Schönheit. Ich weiß, dass ich mit diesen Worten etwas Menschliches auf die Tulpen übertrage. Aber ich möchte diesen Transfer nicht missen.

Unseren Walnussbaum haben wir als dreijährigen Schößling von unserem damaligen Nachbarn geschenkt bekommen. Heute, drei Jahrzehnte später, ist er zu einem stattlichen Baum mit weit ausladenden Ästen herangewachsen, dessen Wipfel den First des Schuppendachs überragt.

Früher stand in vielen Gärten ein Walnussbaum. Zerreibt

man Walnussblätter zwischen den Fingern, so steigt ein ätherischer Duft auf. Weil dieser die Mücken fernhält, gilt die Walnuss als der Baum, unter dem die Menschen verweilen können, ohne von allzu vielen Insekten geplagt zu werden.

Walnussblätter enthalten keimhemmende Substanzen, deshalb sollten sie im Herbst nicht auf die Beete verteilt werden. Es heißt auch, andere Pflanzen hätten es schwer in der Nähe dieses Baumes. Aber bei uns wächst ein Schmetterlingsflieder ganz dicht an seinem Stamm. Da das Walnusslaub diesen Busch stark beschattet, ist er allerdings nicht über eine gewisse Höhe hinausgekommen, er treibt jedoch jedes Jahr aufs Neue aus.

Als dichter Ring umschließt Oregano Walnuss und Flieder. Aus dem Schatten hat sich das Gewürzkraut in die Wiese hinein verbreitet. Und ich kann sehen, dass seine Stiele dort viel länger werden, auch sind die Blüten, wo sie mehr Sonnenlicht erreicht, größer und aromatischer.

Ungefähr fünfzig Kilo Walnüsse sammeln wir jeden zweiten Herbst auf. Auf ein ertragreiches Jahr folgt eines, in dem es weniger Nüsse gibt. Wie kommt es zu diesen Früchten? Wie kommt es zu dieser gewaltigen Ernte? Es dauerte, bis ich mich eines Frühlings entschied, dieser immensen Fruchtbarkeit nachzuspüren.

Ich stehe vor dem Baum, seine noch unbelaubten Äste und Zweige hängen tief herunter, hängen bis vor mein Gesicht. Ich weiß, diese Walnuss ist ein Selbstbestäuber und einhäusig, sie bildet also sowohl die männlichen als auch die weiblichen Blüten aus. Ihre männlichen Blüten haben bereits begonnen, sich aus den Achseln der Zweige herauszuschieben. Innerhalb weniger Tage werden die kleinen Knospen zu grauen, in Büscheln angeordneten Kätzchen heranwachsen. Unmittelbar über ihnen, am Ende des jeweiligen Triebes, schieben sich bald darauf die hellgrünen weiblichen Blüten heraus. An ihnen kann ich bereits die Form der späteren Nüsse erkennen. Drei bis sieben dieser Blüten bilden sich aus, und nach und nach werden die weiblichen Geschlechtsteile sichtbar: zwei an Federn erinnernde filigrane Sprosse. Sie wachsen schnell heran, werden länger und flaumiger und wölben sich immer weiter nach außen, sodass sie einen Spalt bilden. Aus diesem Spalt erhebt sich der Griffel mit seiner hellgrünen Narbe.

Währenddessen sind die männlichen Geschlechtsteile auf Fingerlänge herangewachsen. Ihre graue Färbung ist dabei ins Grüngoldene übergegangen. Sie tragen eine Unmenge an Pollen. In vielen Büscheln, als fingerlange flauschige grüngoldene Kätzchen, hängen sie am Baum. Sie sind weitaus auffälliger als die weiblichen Geschlechtsteile. Diese sind nicht nur weniger zahlreich, vor allem ist ihr helles Grün so sehr dem Blattwerk angepasst, dass sie sich aus ihrer Umgebung kaum abheben.

Ich streiche vorsichtig über die grüngoldenen Kätzchen. Hunderte Pollen haften an meinem Finger. Die weiblichen Geschlechtsteile haben begonnen, einen klebrigen Saft abzusondern. Auch sie berühre ich behutsam und schlecke den Finger ab, es schmeckt ein wenig süßlich. Jetzt braucht es den Wind. Er wird in den nächsten Tagen die Pollen auf die Narben wehen. Und da das weibliche Geschlechtsteil klebrig, also bereit ist, können sie haften bleiben. Damit ist die Befruchtung abgeschlossen, und die Nuss beginnt ihr Fruchtfleisch zu bilden.

Die Geschlechtlichkeit der Walnuss ist auf eine bemerkenswerte Weise sowohl deutlich als auch undeutlich. Form und Größe ihrer Blüten sind spektakulär, aber da diese so hellgrün sind wie die Blätter, die nun aus den Zweigen auszutreiben beginnen, heben sie sich nicht deutlich von ihnen ab. Ihre Blüten sind nicht wie bei Apfel und Pfirsich weiß und rötlich und damit nicht so gut sichtbar. Das brauchen sie auch nicht zu sein, da sie keine Insekten zum Bestäuben anlocken müssen. Aber kein Baum und kein Busch hier auf dem Grundstück zeigt ein ähnlich sinnliches Aufbrechen in den Frühling wie die Walnuss.

An den Blütenständen sind drei bis sieben Blüten befruchtet worden. Ein großer Teil von ihnen wird, gleich den unbefruchteten, in den nächsten Wochen vom Baum fallen. Wie so oft erzeugt die Natur Überfluss. Sieben Walnüsse hätten an einem Blütenstand nicht ausreichend Platz gehabt, also fallen einige ab. Auch die Kätzchen, die männlichen Blüten, lösen sich nun vom Baum. Ihre Aufgabe ist erfüllt. Einige Tage lang bedecken die Pollen den Boden als grüngoldener Staub. Dann vertrocknen sie, werden verweht oder von Ameisen und anderem kleinen Getier verzehrt oder weggeschafft und so der Erde wieder zugeführt. Jetzt wachsen nur noch die jungen Früchte weiter.

Bei fast allen Pflanzen in unserem Garten, bei denen ich die Befruchtung beobachten kann, lässt sich das Reifen der Frucht mit der Schwangerschaft der Säugetiere vergleichen. Aber genauso bemerkenswert wie die Gemeinsamkeiten erscheinen mir die Unterschiede zwischen diesen Prozessen. Bei uns, den angeblich höheren Tieren, steht am Ende der Schwangerschaft ein Individuum, das Kind ist ein Mädchen oder ein Junge. Äußerst selten ist sein Geschlecht fraglich. Der Pflanzensamen dagegen kann sich auch zu einem zwittrigen Wesen entwickeln. Bei den meisten Bäumen, den sogenannten einhäusigen, ist das sogar die Regel. Der Mensch hat früh, lange bevor er die Vorgänge verstand, versucht, hierauf Einfluss zu nehmen.

Ich schrecke nicht davor zurück, die natürliche Reifung der Walnüsse zu unterbrechen. Ende Juni, und nur dann, können grüne Walnüsse vom Baum gepflückt werden. Es ist die Zeit der Sommersonnenwende, der Johannistag am 24. Juni hat ihnen den Namen Johannisnüsse gegeben. Diese unreifen Früchte verströmen einen herrlichen Duft. Reibe ich ein wenig daran, so verstärkt dies den Wohlgeruch. Die Hände nehmen dabei Färbung und Duft an. Aber das natürliche Wachstumsende der Nüsse ist noch nicht erreicht, Schalen und Nussfleisch sind noch weich und bilden eine Einheit. Doch der Mensch, es waren wahrscheinlich Frauen, hat irgendwann herausgefunden, dass sich auch die unreifen Nüsse verarbeiten lassen. Sie können die Grundlage eines köstlichen Likörs bilden oder süßsauer eingelegt für einige Jahre konserviert werden.

Im September sind die Nüsse ausgereift. Anders als viele Früchte brauchen sie nicht vom Baum gepflückt zu werden. Ja, es ist sogar so, dass sie nicht vom Baum gepflückt werden sollten. Denn der Baum bestimmt, wann und wie er seine Früchte zu Boden fallen lässt. Jedes Zuvorkommen würde eine zu frühe Ernte bedeuten. Denn die Nuss lässt sich nicht vor ihrer Zeit aus der Schale entfernen. Schale und Nuss kleben so lange zusammen, bis der Prozess der Reifung vollendet ist.

Dann bekommt die äußere, die grüne Schale, kleine Risse und beginnt aufzuplatzen. Die Frucht hängt weiterhin am Zweig, doch durch die Risse hindurch ist die Nuss bereits zu sehen. Der Spalt wird größer, die Schale birst weiter auf. Noch ein paar Tage und das holzig braune, den Kern umschließende Gehäuse der Nuss ist fast ganz sichtbar. Jetzt lässt sich auch erkennen, dass sich die Nuss von der Fruchtschale gelöst hat, dass die Nuss und die grüne Schale sich ganz getrennt haben. Die grüne Schale klafft weiter auf, so weit, bis die Walnuss hindurchpasst und herausfällt.

Ich werde die Nüsse während der folgenden Tage aufsammeln und zum Trocknen in Beuteln an die Heizung hängen. Von denen, die im Gras liegen bleiben, werden im nächsten Frühjahr einige einen weißlichen Trieb ausbilden, der einwurzelt. Wenn ich nicht irgendwann eingreife, hat damit die nächste Walnussgeneration in der Wiese Fuß gefasst.

Inzwischen lasse ich einen Teil der Früchte absichtlich liegen. Den Winter über bedeuten sie für Mäuse oder Vögel wie Krähen und Elstern eine Nahrungsreserve. Sie knacken die Nüsse auf und kommen an das Fruchtfleisch heran. Wenn die großen Vögel die Walnüsse aufhämmern, sind kleinere Tiere die Nutznießer dieses Tuns.

Ähnlich ist es auch bei den Pflaumenkernen. Im Winter sah ich ein Häufchen am Stamm der Pflaume liegen. Bestimmt drei Dutzend Kerne lagen dort. Ich nahm einen in die Hand. In ihn war wie in alle dieser sehr harten Kerne ein Loch genagt worden, um an das Innere heranzukommen. Es mussten Mäuse gewesen sein.

Fremde Schönheiten

Wir haben einen alten Pflaumenbaum im Garten. Er stand schon hier, als wir einzogen. Damals dürfte er mindestens sechs Jahrzehnte alt gewesen sein, also bereits in über fünfzig Sommern Früchte getragen haben. Es waren und sind große, wohlschmeckende Pflaumen.

Wie bei vielen alten Obstbäumen überziehen grün, braun und silbrig schillernde Flechten die Oberseite seiner Äste. Seine Rinde ist rissig. Durch die tiefsten Spalte kann man das verholzte Innere des Baumes erkennen und durch sie können Nässe, Insekten und Pilze in ihn eindringen.

Auf halber Höhe ist ein dicker Ast ganz aufgeborsten. Einige Zweige, die von ihm abgehen, werden nicht mehr mit Wasser und Nährstoffen versorgt. Treibt der Baum im Frühjahr aus, zuerst die Blüten, dann die Blätter, so geschieht das hier nicht mehr. Die Zweige bleiben grauschwarz und kahl. Der Pilz, der ihn bewohnt, ernährt sich von dem absterbenden Baum, er ist also ein Parasit. Faustgroße Fruchtkörper hat er mittlerweile gebildet. Wie eine Art eigenes Holz kleben sie am Stamm und an den dicken Ästen. Manche sind braun, manche grünlich, einige kugelig, andere eher eiförmig. Der Pilz lebt auf dem Baum und zugleich in ihm. Zweifellos ein Zeichen dafür, dass es mit unserem alten Pflaumenbaum zu Ende geht.

Aber im Frühling blüht er noch mit aller Pracht. Im April ist er übersät mit weißen Blüten. Er scheint jedes Jahr erneut seine ganze Kraft in dieses Blühen zu geben. Neue Äste kann er jedoch nicht mehr bilden. Im Spätsommer hängt er voll mit Früchten. Ein Teil der Pflaumen beginnt, noch während sie reifen, zu faulen. Auf ihrer Haut wachsen weiße Schimmelpilze und sie fallen angefault oder vertrocknet ab. Gleichzeitig trägt unser Baum an seinen gesunden Ästen Früchte, so süß und wohlschmeckend wie immer. Leben und Kränkeln, Sterben und Tod sind nebeneinander an einem einzigen pflanzlichen Individuum zu beobachten. Ein bewegender und zugleich verstörender Anblick.

Aber das habe ich nicht immer so gesehen.

Hierzu bedurfte es erst eines Gesprächs mit unserem jüngeren Sohn.

»Du«, fragte ich ihn, »sollten wir den Pflaumenbaum nicht fällen? Dann wird eine sonnige Stelle frei. Wir könnten einen anderen Obstbaum an seiner statt pflanzen.«

Unser Sohn sah mich an und sagte nur:

»Warum hast du es so eilig? Warum willst du den alten Baum hier nicht in Ruhe sterben lassen?«

Das sagte er mir, einer alten Frau.

Ich fühlte mich ertappt. Mir war gar nicht in den Sinn gekommen, den hinfälligen Pflaumenbaum einfach so, wie er war, stehen zu lassen. Dabei war ich mir meines Altwerdens und der Endlichkeit meines Körpers durchaus bewusst. Dies hatte ich zumindest bisher geglaubt.

Es war ein Erkenntnisblitz. Ich könnte auch sagen: Es fiel mir wie Schuppen von den Augen.

Ich hatte das Altern und das Sterben der Bäume in unserem Garten aus meinem Bewusstsein getilgt. Aber womöglich war ein solches Wahrnehmen nie in meinem Denken vorhanden gewesen. Es gab gar nichts, was ich hätte tilgen

können. Zwar kannte ich das Absterben einer Gemüsepflanze wie das Welken der Bohnen, sah das Verblühen der
Ringelblumen im Spätherbst, aber was mit den Bäumen geschieht, war mir nicht bewusst. Und aus diesem begrenzten
Verstehen heraus hatte ich vorgehabt, den alten Obstbaum
abzusägen, seine mit Flechten überzogenen Äste zu schreddern, seinen Stamm zu Feuerholz zu machen und im Ofen zu
verbrennen. Ich wollte ihn vorzeitig töten, bevor er selbst
durch den Verlauf des Absterbens sein Ende erreichen würde.

Mein Wille sollte geschehen.

Mein Wille, der sich wieder einmal solitär in den Mittelpunkt stellte, mein Wille, der wieder einmal eine scharfe
Trennlinie zog zwischen mir als kulturellem Wesen und der
Natur des Baumes. Hier bin ich, und da ist die Natur! Und
was mir nicht passt an der Natur, das muss weg, das muss
entfernt werden.

Und dann gab es ja noch den alten Boskop. Es war der
Baum, auf den mich unsere Söhne schon vor vielen Jahren
als einen wichtigen Lebensraum hingewiesen hatten. Er war
der Baum, dessen allmählichen Verfall ich in den letzten
Jahren beobachtet hatte. Vor allem war es der Baum, der uns
Kummer machte, er war sozusagen unser Sorgenfall, weil
wir fürchteten, er könnte bei Sturm umkippen und gegen die
Hausmauer krachen. Diese Sorge nahm mehr Raum in meinem Denken ein als die Vorzüge seines allmählichen Ver-
falls, als sein Wert als Habitat. Auf eine mir unerklärliche
Weise hatte ich es geschafft, das allgemeine Phänomen des
Alterns und Absterbens auf diesen Baum zu begrenzen und
in seinem Hohlsein vor allem eine besondere Gefahr zu
sehen. Dem Pflaumenbaum trat ich nun auf ähnliche Weise
entgegen. Zwar konnte er nicht gegen die Hausmauer stür-
zen, aber er war zweifellos krank, und so erschien er mir als
nicht mehr lebenswert.

Ich war nicht im Reinen mit dem, wie es um mich herum wuchs, gedieh und abstarb. Wieder einmal musste ich feststellen, wie schwer es doch ist, den Pflanzen ihren eigenen Lauf zu lassen.

Wild aufschlagende Bäumchen und damit vitale Jugend gibt es überall auf dem Grundstück zu sehen. Aber das Ende eines alten Baumes kam in meinem Denken kaum vor. Dabei ragen in dem Waldstreifen um unser Grundstück einige schwarzgraue tote Bäume in die Höhe. Nun, die schob ich an den Rand meiner Wahrnehmung. Ich kann mir meine Blindheit nicht erklären, ich bin mir da selbst ein Rätsel. Ich habe kein Auge für sie gehabt. Anscheinend betrachtete ich sie auf eine unklare Art als unnütz und überflüssig, als nicht mehr anschauenswert. Der Baum wächst nicht mehr, treibt keine Blätter mehr aus, er ist nun mal tot. Was gab es hierzu noch zu sagen. Der einzige Vorteil meiner Gleichgültigkeit lag darin, dass ich die toten Bäume nicht aus dem Garten entfernt hatte.

Aber mein törichter Vorschlag und dessen Spiegelung in der Antwort unseres Sohnes führten zu einer bleibenden Veränderung. Plötzlich war ich froh, dass die alte Pflaume dort noch stand, und ich bin froh, dass sie weiterhin dort steht. Sie wächst vor dem Küchenfenster, sodass mein Blick sie oft erfassen kann. Nun sehe ich sie nicht mehr mit dem Hintergedanken, mit ihr müsse dringend irgendetwas geschehen, sondern ich betrachte die abgestorbenen braunen Äste zwischen den grünen Zweigen mit einer eigentümlichen Anteilnahme. Nun sehe ich die mit Schimmel überzogenen Früchte neben den blauen gesunden hängen und bin bewegt von dem, was da vor sich geht. Es wird noch Jahre dauern, womöglich zwanzig Jahre oder mehr, bis dieser Baum vollends zu Erde geworden sein wird.

Dies war der Beginn meiner Auseinandersetzung mit dem Sterben der Bäume. Unweigerlich dachte ich dabei auch über das menschliche Altwerden nach, über mein Altwerden und über unseren kulturellen Umgang mit dem Altwerden. Dieses Sinnieren begleitete mich wie ein inwendiges Hintergrundrauschen. Erstmals setzte ich das pflanzliche Altern und Absterben und das menschliche Altern und Sterben in Beziehung. Ich fing an, die Sicht auf den Tod von Pflanzen und unsere Sicht auf den Tod von uns Menschen zu vergleichen.

In einer Winternacht fegte von der Nordsee kommend ein Orkan über uns hinweg. Am nächsten Morgen ging ich nach draußen, um nachzuschauen, ob Dachziegel heruntergeweht worden waren. Lediglich zwei Pfannen waren verrutscht. Ich stapfte weiter ums Haus, um nach den Bäumen zu schauen. Hinter dem Schuppen sah ich, was die Böen mit der großen Mirabelle angerichtet hatten. Ein mehrere Meter langer, mächtiger Ast war nahe dem Boden abgebrochen. Zum ersten Mal betrachtete ich den Wuchs der Mirabelle genauer. Erst jetzt begriff ich, dass sie aus vier Teilstämmen bestand. Und einer dieser Stämme war von den gewaltigen Kräften des Windes abgeknickt worden. Ich strich mit der Hand über das gesplitterte Holz und empfand gleichzeitig Furcht und Respekt vor dem, was der Wind vermocht hatte.

Es war noch im selben Winter, als ich mit einem unserer Söhne an diese Stelle ging. Ich verkniff es mir zu fragen, ob wir die Mirabelle zu Brennholz zersägen sollten. Stattdessen sagte ich nur:

»Was machen wir damit?«

»Nichts«, war die Antwort.

Aha, dachte ich. Nichts.

»Der Stamm liegt hier niemandem im Wege. Wir rühren ihn nicht weiter an. Dann kannst du noch das eine oder andere beobachten«, er zwinkerte mir zu, »es ist nämlich nicht so, dass nun nichts geschieht. Auch während wir nichts tun, wird viel geschehen. Aber andere werden nun das Tun übernehmen. Es wird ein äußerst vielfältiges Tun sein, von dem wir allerdings kaum etwas mitbekommen werden, da es im Verborgenen stattfindet.«

Im Februar begann die Mirabelle zu blühen. Auch an den Zweigen des umgeknickten Stammes öffneten sich ihre Knospen. Da er nicht vollständig abgebrochen war, konnte er sich über die verbliebene Verbindung mit dem Hauptstamm weiterhin mit Wasser und Nährstoffen versorgen. Es bildeten sich sogar Früchte und wuchsen zu normal großen Mirabellen heran. Dies wiederholte sich auch in den beiden Folgejahren. Dann bildeten sich keine Blüten mehr, und der abgebrochene Stamm starb weiter ab, er konnte den nötigen Nachschub nicht mehr aufrechterhalten. Aber durch sein totes Astwerk begannen aus den Kernen seiner abgefallenen Früchte kleine Mirabellenbäumchen zu sprießen.

Noch immer liegt der Stamm von uns unberührt da. Mittlerweile ist er verdeckt durch die Pflanzen um ihn herum. Allerlei Getier und verschiedene Pilze dürften sich seiner bemächtigt haben. Schiebe ich das ihn umgebende Grün beiseite, so ist deutlich zu sehen, wie stark die noch lebenden Teilstämme im Vergleich zu ihm an Umfang und Höhe zugenommen haben. Mirabellenholz ist sehr hart. Es wird gewiss mehr als ein Jahrzehnt dauern, bis dieser Stamm vollständig in der Erde aufgegangen sein wird.

Es ist der Sturm gewesen, der den Teilstamm vorzeitig zum Absterben gebracht hat. Eine von außen kommende Gewalt hatte gehandelt, wie es sie mit Orkanen, Überschwemmungen, Blitzeinschlägen, aber auch Tieren immer gegeben hat.

Auf der Ostseite des Grundstücks, ein gutes Dutzend Meter von der Hausmauer entfernt, stehen die Urahnen aller Anpflanzungen, eine Reihe von Pappeln und Ahornen. Wahrscheinlich sind sie im Jahre 1893 mit dem Bau des Hauses in die Erde gekommen. Damit wären sie ungefähr so alt wie das Gebäude und sehr viel älter als wir. Das Gebäude hat sich seitdem äußerlich kaum verändert. Die Bäume, die vor hundertdreißig Jahren kleine Bäumchen gewesen sind, wuchsen im Kaiserreich, wuchsen im Ersten Weltkrieg, wuchsen in der Weimarer Republik, wuchsen im Zweiten Weltkrieg, wuchsen in der Nachkriegszeit, wuchsen im Wirtschaftswunderland und stehen noch heute im Konsum- und Medienland.

Als wir einzogen, überragten diese alten Gesellen Schuppen und Haus. Bei starkem Wind rauschten die Blätter der Pappeln, ihre Spitzen schwankten hin und her.

»Eure riesigen Pappeln könnten zur Gefahr für das Haus werden, man sieht ihnen nicht an, wie gesund ihr weiches Holz noch ist«, sagte der alte Mann damals zu uns, »ihr solltet sie besser fällen lassen.« Von da an schlief ich bei Sturm sehr schlecht, ich hörte nur noch das Laub der Pappeln rauschen. Die Bäume mussten weg! Und nicht nur die Pappeln, die Ahorne gleich mit!

Drei Jahre nach unserem Einzug ließen wir die alten, mächtigen Bäume fällen. Es waren sieben. Ihre Stämme waren so dick, dass ich sie nicht mit den Armen umfassen konnte, ihr Durchmesser betrug mindestens einen Meter. Ich weiß nicht mehr warum, aber wir ließen die Bäume nicht direkt über dem Boden absägen, sondern in einer Höhe von zwei Metern. So blieb ein Stück der wuchtigen, massiven Stämme stehen. Die Schnittstellen, ihre riesigen Wunden, lagen seitdem bloß da. Sie waren in den kommenden Jahren jedem Wetter ausgesetzt.

Was dann weiter geschah, kann ich nur aus dem schließen, was ich jetzt sehe.

Unterhalb und rund um die Schnittstellen trieben die Stämme wieder aus. In den folgenden Jahren wuchsen viele Äste aus den Baumstümpfen heraus. Sie lebten auf diese Art weiter. In etwa so, wie ich es im Kleinen beim Kohlstrunk gesehen hatte, als nach dem Entfernen des Kohlkopfes oben am Rande des Strunks neue Blättchen gewachsen waren. Beim Kohl wurden die Austriebe zu kleinen Kohlköpfen, bei den Pappeln und Ahornen wurden sie zu neuen dicken Teilstämmen. Einige von ihnen erreichten irgendwann Firsthöhe. Diese sägten unsere Söhne erneut ab, um einem Abbrechen zuvorzukommen. Wir erhielten so viel Brennholz und Häckselgut. Außerdem wurde Licht geschaffen. Unsere Söhne pflanzten daneben andere, erst zweijährige Bäumchen, wie die Esskastanien und den chinesischen Korkbaum.

Und wieder trieben die alten Bäume aus, wenn auch mit schwindender Kraft.

Das untere Stück der Stämme hat sich im Laufe der fünfundzwanzig Jahre seit dem ersten Absägen stark verändert. Die großen Schnittstellen blieben offene Wunden, in die Feuchtigkeit eindringen konnte. Die Rinde löste sich an vielen Stellen, sodass das darunterliegende Kernholz sichtbar wurde. Es entstanden Risse, die immer weiter aufklafften. Im Inneren bildeten sich Höhlungen. Die Stämme waren dabei, sich aufzulösen.

Ich stand mit unseren Söhnen davor.

»Diese hohlen Bäume hier sind wertvolle Habitate, selten gewordene Wohnstätten für viele Lebewesen. Normalerweise werden derart alte Bäume, ob krank, alt, schief wachsend oder irgendwie im Wege stehend, am Boden abgesägt. Glücklicherweise haben wir die Bäume nicht ganz unten absägen lassen, denn dann wäre der niedere Stumpf zügiger verrottet. So haben wir, ohne es damals zu wissen, wichtige Lebensräume für Pilze, viele Insektenarten und anderes kleines Getier geschaffen. Es ist diese Art von Wohnstatt, die sie benötigen, um zu leben und sich fortzupflanzen. Das Holz ist also nicht einfach tot, im Gegenteil, es ist sogar sehr lebendig. In ihm wird zerkleinert, zerkaut, zersetzt. Neue Daseinsformen schaffen neue Strukturen. Das Alte verschwindet nicht einfach, sondern es wird genutzt und weiter umgewandelt. So ist das Alte die Voraussetzung für das wiederkehrende Neue. Wir Menschen kennen eine derartige Verwertung von Altem fast nicht mehr. Wir fangen immer wieder von vorne an, stellen immer wieder alles neu her. Das gibt es in der Natur nicht.«

Für mich hatte der Zweck des Absägens jahrelang nur darin bestanden, das Haus vor den Folgen eines Sturms zu schützen. Dass diese alten Stämme etwas Rares waren, dass sie einen besonderen Sinn in sich bergen und deshalb erhaltenswert sind, musste mir erst gesagt und erklärt werden.

Vor zwei Jahren wurde an der Landstraße vor unserem Haus eine alte Linde gefällt. Wochenlanger Regen hatte die Erde stark aufgeweicht. Die Gemeinde war der Ansicht, der mächtige Baum könne auf unser Haus kippen, er stehe schon bedenklich schief. Meinen Einwand, dass die Linde schon seit Jahren so schräg stehe wie alle Bäume an der Straße, da alle starkem Wind ausgesetzt seien, ließ man nicht gelten. Binnen einer Stunde war die alte Linde als angeblicher Notfall der Kettensäge zum Opfer gefallen.

In den folgenden Wochen kam eine Art Fräse zum Einsatz, die sich tief in den Wurzelstock fraß. Jahrzehntelang hatten die Lindenwurzeln für ein Stück intakten Bodens gesorgt. Jetzt wächst dort nichts mehr. Nicht einmal die Pionierpflanze Gras hat sich bis jetzt ansiedeln können. Dabei wäre es durchaus denkbar, die Stämme von Straßenbäumen, die entfernt werden sollen, gekürzt stehen zu lassen. Dann würde die Zahl von Spechten und anderen Höhlenbrütern zunehmen und natürlich auch die weiterer Tiere. Es ergäbe sich ein ganz anderes Landschaftsbild, wenn überall diese alt-neuen Lebensräume entstünden.

Einige Bäume machten unsere Söhne zu sogenannten Kopfbäumen. Hierbei wird der dünne Stamm eines noch jungen Baums, zum Beispiel einer Sauerkirsche, Esche oder Kastanie, auf einer Höhe von gut anderthalb Metern abgesägt. Das geht im Prinzip bei vielen Baumarten. Es kann nötig werden, um Licht zu schaffen für andere Pflanzen, zum Beispiel für einen kleinen Pfirsich oder eine Kaki, die daneben wachsen sollen. Bei jungen Bäumen ist dies kein Problem, denn die Schnittfläche, also die entstandene Wunde, ist noch so klein, dass der Baum dies verkraften und sie wieder verschließen kann. Dort treiben diese Bäume dann erneut aus. Es mutet ein wenig an, als habe der Baum einen Kopf, dessen Haare in alle Richtungen abstehen.

»Früher«, so unser Sohn, »gab es fast überall Kopfbäume. Es waren vor allem Weiden, die man auf einer Höhe kappte, die ein Mann stehend erreichen konnte. Die einjährigen Triebe wurden geerntet. Man hat das erneute Austreiben gezielt herbeigeführt, sie wurden sozusagen dazu erzogen. Aber das war nur möglich, wenn damit in ihren jungen Baumjahren begonnen wurde.

Stell dir vor, wie das Leben vor einigen Jahrhunderten gewesen ist. Fast alle Menschen lebten auf dem Lande. Was sie neben Nahrung vor allem benötigten, war Brennholz, aber auch Viehfutter. Die Äste wurden im Sommer mit ihrem Blattwerk geerntet, indem sie abgeschlagen und kopfüber aufgehängt wurden. So trockneten die Blätter und konnten im Winter verfüttert werden. Und da die Weidenruten weich und biegsam waren, dienten sie außerdem zum Flechten von Zäunen, Körben, Bienenstöcken und vielen anderen Dingen. So boten diese Kopfbäume einen vielfältigen Nutzen.

Kopfbäume standen für ein nachhaltiges Wirtschaften. Der Baum blieb am Leben, und seine Vitalität wurde durch das Kappen der Zweige immer wieder angeregt. Für Wildtiere wie Hasen oder Rehe waren die frischen Triebe nicht erreichbar, konnten also nicht gefressen werden. Am Ackerrand boten die Kopfbäume einen Schutz vor Stürmen, an Flüssen verhinderten sie die Bodenerosion. Früher hat man dafür gesorgt, dass immer genügend Kopfbäume neu gepflanzt wurden. Denn es galt damals noch als selbstverständlich, für die nachkommenden Generationen zu sorgen. Auch diese Sorge für die Kommenden meint der Begriff Nachhaltigkeit. Deswegen erscheint mir dieser Baum ein gutes Beispiel dafür zu sein, dass der Mensch durchaus im Einklang mit den ihn umgebenden Pflanzen leben kann.«

Um die zwei Dutzend Bäume dürften wir im Garten haben, die am Absterben sind oder während unserer Zeit abgestorben, also tot sind.

»Absterben« ist ein Wort, das sich ausschließlich auf Pflanzen bezieht. Wir Menschen sterben nicht ab. Wendungen wie »Die alte Frau stirbt ab« oder »Der alte Mann ist am Absterben« würden wir als drastisch, ja brutal empfinden. Es ist bei uns auch nicht so, dass zuerst ein Finger abstirbt, dann womöglich die Hand, der ganze Arm. Bei uns Menschen beginnt das Leben mit dem ersten Atemzug und endet mit dem letzten. Wenn mit den Jahren die Brüchigkeit der Knochen zunimmt oder die Leistung der Organe nachlässt, sprechen wir von Altersschwäche, Gebrechlichkeit oder Hinfälligkeit. Das eigentliche Sterben, dieser Prozess hin zum Tod, das

Im-Sterben-Liegen, umfasst Stunden, Tage, Wochen, allenfalls wenige Monate, aber nicht viele Jahre.

Die Zellen der Bäume können sich im Gegensatz zu unseren Zellen viel besser erneuern. Uralte Exemplare von Eiche, Buche und Eibe zeugen von einer Lebenszeit, die für unser Empfinden an Unsterblichkeit grenzt. Das Absterben der Bäume geschieht meist durch Außeneinwirkungen, sei es durch einen Sturm oder Blitzschlag, durch Hitze oder übermäßige Nässe, durch große und sehr kleine Tiere und durch den Menschen. Bei uns sind die Pappeln und Ahorne erst durch die Kettensäge zu absterbenden Bäumen geworden.

Es hat lange gedauert, bis ich im Absterben der Pflanzen Schönheit entdeckte. Mein törichter Wunsch, den alten Pflaumenbaum zu fällen, war so deutlich von einem jungen Menschen zurückgewiesen worden, dass ich begann, grundsätzlich anders auf sterbende Pflanzen zu blicken.

Aber wieder brauchte es Zeit, Hinwendung und Betrachtung, die Eigenart dieses Vorgangs zu erfassen. Die alten Pappeln und Ahorne sind am Absterben, was zugleich heißt: am Noch-Leben. Erst die abgestorbenen Bäume sind wirklich tot. An ihnen ist nichts Grünes mehr, ihr Äußeres ist schwarz und grau. In unserem Garten finden sie sich in dem waldigen Streifen. Im Winter sind sie deutlich zu sehen, nämlich dann, wenn die lebenden Pflanzen ihr Blattwerk abgeworfen haben.

Dann stehen sie da wie Monumente, wie Totempfähle, graue verwitterte Gestalten. Manche nur noch hüfthoch, rindenlos, blank, das Holz von Insektenlarven durchlöchert. Andere ragen empor, alle kleineren Äste sind schon lange abgefallen. Die ausgeblichenen Stämme sind aufgeplatzt, sie zeigen breite und schmale Spalten. Einige sind von Pilzen überzogen. Diese liegen manchmal wie Dachziegel übereinander. Bei Regen werden sie dick, wulstig. Bei Sonnenschein schrumpfen sie, ohne ganz zu verschwinden. An einem Baum ist ein großes Stück Rinde so abgegangen, dass die nackte Stelle ein Oval bildet. Hier ist das Holz hell und hart. Glänzend, fast wie poliert. Und auch dieser Baum ist von Löchern durchsetzt, es gibt kleinere, von Insekten gebohrt, aber auch größere, die der Specht hineingehämmert hat auf seiner Suche nach Nahrung oder um mit seinem Trommeln ein Weibchen anzulocken.

Bei einigen Totbäumen hat sich die Rinde bereits rundum aufgelöst, bei anderen hängt sie noch in Stücken am Holz oder umhüllt den Stamm nur noch wie eine lose Bahn Stoff. Vorsichtig hebe ich sie ein wenig an, Kellerasseln drängen sich darunter dicht aneinander und rennen, wenn Licht auf sie fällt, auseinander. Mancher Rindenrest wirkt wie aus Bast, wie ein feiner, aus zarten Fäden gewebter Umschlag, der den Stamm noch umwickelt.

An einem Stumpf klafft ein Loch so tief, dass ich hineinblicken kann. Ich sehe noch die Wachstumsringe. Sie liegen nicht mehr dicht und fest aneinander, sondern haben sich voneinander abgelöst. Rillen trennen diese Jahresringe, als bilde die Zeit selbst Leerräume. So gibt das Holz einen Blick frei in sein gesamtes Innenleben, in sein früheres, in sein jetziges und sogar in sein zukünftiges. Ich ahne, dass die Schichten noch weiter auseinandergehen werden und sich dieses einst innig verwachsene Holz langsam, ganz langsam, unendlich langsam auflösen wird. An manchen Stellen ragt ein Holzstück quer hinein. Es ist der Rest eines Astes, der schon lange abgebrochen ist. Ich kann verstehen, wie dieser Ast einst aus dem Baum herausgewachsen ist, wie er mit dem Stamm weiterwuchs und fest mit ihm verbunden war.

Mehr als einmal habe ich beobachtet, dass unsere Söhne einen abgebrochenen Ast aufgehoben und gegen einen Stamm gelehnt haben.

»Liegt der Ast weiterhin auf dem Boden, so wird er wegen der Feuchtigkeit schneller zersetzt werden. Steht er hingegen, kann er nach einem Regenguss sofort wieder abtrocknen. Er wird also viel länger zum Verwittern brauchen. Dieser Zeitraum ist wichtig, weil sich in ihm dann andere Arten von Pilzen und kleinen Lebewesen ansiedeln als bei einem auf dem Boden liegenden Stamm. Wir richten deshalb einige tote Äste auf und lehnen sie irgendwo an.«

Wie eine zerklüftete Landschaft mutet das verrottende Innenleben solcher Bäume an, wie ein Gebirge mit Tälern und Schluchten, mit Graten und Gipfeln. Aber anders als ein Gesteinsmassiv, das in Jahrmillionen, also für uns unmerklich, abgetragen wird, verändert sich diese Holzlandschaft in einer für mich erfahrbaren Geschwindigkeit. Denn sie ist weich und porös. Einerseits bedeutet der Wandel solcher Monumente eine Jahrzehnte dauernde Umbildung. Gleichzeitig ist der Prozess deutlich sichtbar. Ich kann beobachten, wie sich den Sommer über ein kleines Stück weiches, mit Löchern durchsetztes Holz vom Rand gelöst hat, wie eine Erhebung sich vergrößert, ein Spalt sich vertieft hat. Spinnen haben diese Innenräume mit immer neuen Netzen durchzogen.

An einem der absterbenden Bäume wächst aus dem Stamm ein einzelner Ast hoch, der weiterhin Blätter trägt. Ein anderer großer Ast ist irgendwann abgefallen, dort blieb im Stamm ein Loch zurück, umgeben von einem knorrigen Reif. An anderer Stelle hat das Wegbrechen das Gegenteil entstehen lassen, nämlich eine kleine kugelförmige Erhebung.

Bei manchen dieser Stämme haben sich mit der Zeit oben oder in ihrem Inneren Senken und Mulden gebildet. Sie sehen aus wie ein dunkler, weicher Schoß. Blätter liegen darin, Ameisen krabbeln, Kellerasseln verbergen sich im Dunkel seiner Tiefe. Dort findet sich der Mulm. So wird die schwarze feinkrümelige Erde genannt, sie ist bester Humus. Insekten und Mikroben haben ihn aus winzigen Holzspänen, sich zersetzendem Laub und aus ihrem Kot gebildet. In vielen unserer alten Bäume sind solche Mulmhöhlen entstanden. Manche von ihnen reichen bereits bis auf den Grund des Stammes, wie es bei unserem alten Apfelbaum der Fall ist, andere vertiefen sich seit Jahren Stück für Stück in die Bäume hinein und haben dort noch lange nicht das gesamte harte Holz zersetzt. In all diese Hohlräume dringt kaum Sonnenlicht ein. In ihnen ist es kühl und feucht.

Nehme ich ein wenig Mulm in die Hand, so fühle ich, dass er aus allerkleinsten Krümeln besteht. Ich sehe förmlich, wie in einer solchen Erde Wachstum unter besten Bedingungen stattfinden kann. Der Mulm ist weder so hart wie ein schwerer Boden noch so nährstoffarm wie Sand. Er ist weder ausgetrocknet noch zu nass. Er ist fruchtbarer, nährstoffreicher Grund.

Unsere weiterhin Äste austreibenden Pappel- und Ahornstämme sind wuchtige Gebilde, an manchen Stellen ist das Holz noch hart. Aber wenn ich dagegenklopfe, klingt es dumpf, ich vermag zu hören, dass es nicht mehr durchgehend fest ist, sondern weicher geworden sein muss. Andere Stellen sind morsch. Ich kann mit dem Finger in sie hineindrücken, kann ein Stückchen abbrechen. Ich sehe winzige Pilze, kaum stecknadelkopfgroß. In jedem dieser Bäume leben Pilzgeflechte. Aber nur ab und an wird der Fruchtkörper sichtbar, weil ein Pilz sich aus dem zerfallenden Holz herausschiebt.

Vor der dicksten Pappel liegt immer aufs Neue frisch abgenagtes Holz. Hell ist es und ganz fein. Daneben ein auffälliges Loch im Boden. Dessen Öffnung ist mehr als faustgroß.

Für den Eingang eines Fuchsbaus scheint mir das zu eng. Vielleicht hat ein Marder oder eine Ratte den Gang gewühlt. Ich traue mich nicht, mit der Hand hineinzufahren. Ich meine aber sehen zu können, dass der Gang recht weit schräg in das Wurzelwerk des Stamms hinunterführt. Ich stemme mich gegen ihn. Er bewegt sich kein bisschen. Seine Wurzeln scheinen ihn noch immer fest im Boden zu halten.

Und dann, im Frühsommer, entdecke ich in einem der knorrigen, halb abgestorbenen alten Ahorne ein Vogelnest. Obwohl ich einige Male dicht daran vorbeigelaufen bin, bemerke ich die brütende Amsel erst spät. Vier Eier hat das braune Weibchen beieinanderliegen. Vier nackte Jungvögel werden aus ihnen schlüpfen und das Nest verlassen, meist schon, bevor sie richtig fliegen können.

In der kleinen Höhlung eines anderen Baumes hat ein Zaunkönig sein kunstvolles Nest gebaut. Ich kann das Pärchen beobachten, wie es in der Wiese nach Insekten sucht. Die Vögel sind nicht scheu. Sie scheinen sogar neugierig auf mich zu sein. Ich weiß, das Nest ist nur eines von mehreren, die das Männchen gebaut hat. Man sagt, dass sich das Weibchen eines, das ihm besonders gefällt, zum Brüten auswählt und dann weiter auspolstert. Selbst wenn ich dies beobachten würde, was kann ich letztlich wirklich darüber wissen?

Was ich weiß, ist, dass es in der Natur kein beständiges, unaufhörliches Wachstum gibt. Ein Vogel baut sein Nest, wie er es seit Urzeiten baut. Er baut nicht plötzlich ein größeres Nest als seine Artgenossen. Und der Pflaumenbaum erreicht nicht Pappelhöhe. Es gibt keinen unendlichen Fortschritt, wie wir Menschen ihn für unsere Spezies beanspruchen. Pflanzen, Tiere und Pilze vermehren sich, breiten sich aus, werden weniger oder verschwinden manchmal auch ganz und tauchen womöglich woanders wieder auf. Aber auch das ändert sich immerzu.

Kein Pilz, keine Pflanze, kein Tier kann alleinige Dominanz erreichen. Kein Pilz, keine Pflanze, kein Tier kann allein herrschen, indem es die anderen Lebewesen unterjocht. Das gibt es in der Natur nicht. Immer leben Pilze, Pflanzen und Tiere in Einheiten, in hochkomplexen Gebilden, immer leben sie in gegenseitiger Abhängigkeit, in wechselseitigen Bedingtheiten. Alleinige Vorherrschaft will nur der Mensch erreichen. Wir verstoßen damit gegen das Wesen der Natur, das auch unser Wesen ist. Alleinige Vorherrschaft werden wir nie erreichen.

Im immer neuen Ausschlagen, Keimen, Wachsen und Fortpflanzen liegt die Kraft des Lebendigen. Wie selbstverständlich, sich von selbst verstehend, verlaufen seine Kreisläufe. Wir Menschen kennen die Kraft, die in diesen Zyklen liegt, schon auch, nämlich in dem Bedürfnis, Eltern zu werden. Jedes Neugeborene steht für die Natur in uns. Und jeder alte Mensch, dem es in seinen letzten Lebensjahren vergönnt ist, Kinder heranwachsen zu sehen und Umgang mit ihnen zu haben, kann um die besondere Schönheit und den besonderen Ausdruck dieser kleinen Menschen wissen. Was kann es Versöhnlicheres im Alter geben, als von ihnen geliebt zu werden.

Vor den alten Ahornen, Pappeln und toten Bäumen bin ich Zeugin der Formen, die ihr Holz bereits angenommen hat. Langsam drang und dringt die Schönheit ihrer Gestalten in mich ein. Das Wunderbare an diesem Leben und Absterben und Von-neuem-Aufleben ist, wie viele Wandlungen die alten Bäume dabei durchlaufen und hinter sich lassen. Sie scheinen Unikate, die ihre besondere Gemachtheit immer wieder erneuern. Faszinierend ist dabei, dass keines vollständig aussieht wie das andere. Das Wesen ihrer Schönheit wandelt sich mit ihrer Zersetzung. Aber immer bleiben sie Schönheiten. Es sind vergehende Schönheiten. Und es sind vergangene Schönheiten.

Diese Erfahrung wird mir in unserem Garten geläufiger, ohne dadurch an Wirkkraft einzubüßen. Die Schönheit der Vergängnis beginnt alles Fremde zu verlieren. Es ist geradezu so, als ob ich eine Daseinsweise in der Natur wiederentdecke, die für unsere Vorfahren selbstverständlich gewesen sein muss. Diese Art von Schönheit können wir nicht absichtlich herstellen. Aber wir können ermöglichen, dass sie auf einem Fleckchen Erde wieder in Erscheinung tritt. Wir müssen nur wenig dafür tun oder ein bestimmtes Tun unterlassen. Wir müssen uns den fremden Schönheiten und den Vorgängen ihrer Veränderung allerdings zuwenden, um dies zu erfahren.

Im Winter sind diese Gebilde viel deutlicher zu sehen als in den übrigen Jahreszeiten. Denn wenn die Pflanzenwelt ruht, ragen sie wie Stelen aus dem Boden. Es ist, als würden sie mich gerade in der dunklen Jahreszeit an meine Vergänglichkeit erinnern. Im Frühling beginnen sie erneut unter dem Blätterwerk der sie umgebenden Bäume zu verschwinden.

Es führt zu einer eigentümlichen Art von Wissen, sich darauf zu besinnen, dass diese Bäume viel länger in der Welt sein werden, als ich es gewesen sein werde. Sie waren vor meiner Geburt da und werden wahrscheinlich nach meinem Tod noch da sein. Das wird bei fast allen Bäumen und Büschen hier im Garten der Fall sein. Werden sie nicht absichtlich vernichtet, wird eine nächste und eine übernächste Generation Menschen sie wahrnehmen dürfen.

Wie alt werde ich werden? Möglicherweise so alt wie unser Pflaumenbaum? Obstbäume werden bis zu achtzig Jahre alt, einige auch älter. Wie werden meine letzten Jahre vor dem Tod sein?

So alt wie die Rotbuche oder unsere Ahorne, Pappeln, Kastanien und Eichen werde ich nicht. Hundertdreißig Lebensjahre oder mehr sind uns Menschen glücklicherweise noch nicht möglich. Sollten wir die Frage nach der Länge unseres Lebens im Zusammenhang mit dem Fortdauern und dem Absterben unserer Bäume stellen? Oder ist es frevelhaft, unsere Menschenkörper mit Pflanzenkörpern in einen solchen Vergleich zu setzen?

Viele Menschen verbinden das Älterwerden wie selbstverständlich mit dem Verlust von Attraktivität. Unsere Kultur, die der jugendlichen Schönheit huldigt, kennt nichts anderes als den zunehmend hässlichen Verfall zum Tod hin. Die Haut wird runzlig, die Haare weiß, die Organe schwach, das Skelett porös.

Wir können unser Verständnis von Schönheit nur schwer ändern. Im Reich der Pflanzen ist ein junger Baum auf eine andere Weise schön als ein alter Baum. Was könnte die Schönheit eines alten Menschen ausmachen? Sehe ich mich um, so sehe ich viele unzufriedene ältere und alte Menschen, trotz eines nie da gewesenen Wohlstands. Es sind die missmutigen Mienen, die uns oft hässlich erscheinen lassen.

Wenn aber der natürliche Verfall schön sein kann, muss es etwas Entsprechendes auch bei uns Menschen geben, da auch wir Teil der Natur sind.

Wir haben, wie alles um uns herum, auch den Lauf des Lebens in Abschnitte eingeteilt, denen ein gesellschaftlicher Sinn und Wert zugeschrieben wird. Am Ende steht dann mit dem Aufhören der Erwerbstätigkeit als letzte Phase irgendeine Form von finanzieller Altersabsicherung. Das Alter hat für die Gesellschaft keinen Nutzen mehr. Man könnte es noch etwas drastischer ausdrücken und sagen, die vielen Alten sind überflüssig, sie müssen noch irgendwie mitgeschleppt werden, aber das Alter ist keine Lebensphase, die eine eigene Art von Sinn oder Bedeutung hätte. Da ist es dann nicht einfach, dem Älterwerden Schönheit zuzusprechen. Bei den Bäumen kann uns dies bisweilen auf eine fast mirakulöse Weise gelingen. Aber wir sind nun mal eine eigenartige Spezies, wir haben den menschlichen Geist. Und der will und will nicht altern, er will den Tod nicht bejahen. Unser eigentümlicher Geist muss im Gegensatz zu den Pflanzen den Umgang mit dem Altern erlernen.

Worin könnte Schönheit im Alter möglicherweise bestehen? Sicherlich nicht in Äußerlichkeiten, darauf ist zwar unsere Gesellschaft aufgebaut, aber von Schönheit in einem höheren Sinne kann bei einer solchen Verdinglichung nicht gesprochen werden.

Denkbar wäre, dass Ehrgeiz, Gier und Wut im Alter schwinden. Man könnte vieles ablegen, hinter sich lassen, ruhiger und vielleicht sogar ein angenehmerer Mensch werden.

Wenn ich im Garten Kraft schöpfen kann aus den vergehenden Schönheiten, so müssten die Jungen, die Nachkommen, auch aus dem alten Menschsein Kraft schöpfen können. Wir könnten im Alter gutmütig und freigiebig werden. Dann wäre die Schönheit eine Frage des Verhaltens. Ein Zwinkern, ein Lächeln oder Lachen, ein freundliches Antlitz nehmen uns augenblicklich für jemanden ein. Unsere Wahrnehmung und unsere Erfahrung schließen aus dem Verhalten eines Menschen auf dessen Charakter. Ist unser Gegenüber bösartig, geizig, neidisch, übellaunig, überheblich? Oder ist es uns zugewandt, offen, freundlich, hilfsbereit? Der Charakter kann im besten Fall auf eine besondere Art anziehend wirken, unabhängig davon, ob der Mensch schon alt ist oder noch jung.

Stünde nicht mehr das körperliche Altsein im Vordergrund, würde der Geist des Menschen sich deutlicher zeigen. Und dieser altert nicht. Der menschliche Geist muss nicht altern. Nur der Körper altert. In ihm drücken sich der Charakter, das gewesene Leben und dessen Folgen aus: in den Gesichtszügen, in den Furchen und Falten, in der Körperhaltung, im Gang und sogar in einer zunehmenden Vergesslichkeit.

Der menschliche Geist vermag mit zunehmendem Alter beweglicher, offener, freier zu werden. Mit den Jahren hat die Lebenserfahrung zugenommen. Man hat zu unterscheiden gelernt zwischen Notwendigem und dem, was wir vernachlässigen dürfen. Man muss sich nicht mehr so schnell erregen lassen. Unser Selbstverständnis kann umfassender sein, als es das noch in jungen Jahren war. Selbstverständnis braucht Erfahrung, es muss sich herausbilden, es muss reifen. Und je umfassender das Selbstverständnis ist, desto unabhängiger wird der menschliche Geist von den Spielarten und Launen des Lebens, die ihn umgeben.

Aber dies alles geschieht eben nicht von allein. Wir Menschen müssen dafür etwas tun. Dies mag unser Fluch sein, aber es kann auch einen Segen bedeuten. Der menschliche Geist kann unterscheiden zwischen Gut und Böse, zwischen Freiheit und Unfreiheit. Der menschliche Geist kann sich immer wieder verändern. Er kann beweglich sein. Rätselhaft. Geheimnisvoll. Faszinierend. Und schön. Wir müssen ihn vielleicht nur ein wenig verwildern lassen.

Der menschliche Tod

In meinen Kinderjahren waren das Sterben und der Tod allgegenwärtig. Ebenso allgegenwärtig waren Schwangerschaft und Geburt. »De kriggt wat Lüttjes« oder »De kriggt all weer wat Lüttjes«, hieß es dann über die Frauen.

Es gab durchaus Menschen, die sehr alt wurden, ohne zuletzt an einer Krankheit dahinzusiechen. Meine Urgroßmutter wurde 87 Jahre alt, sie hatte in ihrem langen Leben nie einen Arzt gebraucht. Es gab damals nur Landärzte, die für mehrere Dörfer zuständig waren. Sie gehörten zu den Ersten, die ein Auto besaßen. War jemand sehr krank und brauchte medizinische Hilfe, so ging man zu einer kranken Person im Dorf, von der man wusste, dass der Arzt dort regelmäßig einen Hausbesuch machte. Man ließ ausrichten, dass er vorbeikommen möge. Denn ein Telefon, um ihn anzurufen, besaß kaum jemand. Ein einziges Mal hat meine Urgroßmutter den Arzt gebeten zu kommen, nämlich als sie ihre karge Rente beantragen musste. Sie verstand die Formulare nicht und bat den Arzt als einen »Studeerte«, zu kommen und ihr zu helfen.

Andere waren im Alter chronisch krank, buchstäblich ausgemergelt, am Ende ihrer Kräfte. Immer wieder erhängte sich irgendwer, da er oder sie die Schmerzen nicht mehr ertrug. Ins Krankenhaus kam nur selten jemand. Altenheime gab es noch nicht. Die nötige Pflege übernahmen die Töchter oder die Schwiegertöchter. Dies war oftmals eine schwere Bürde. Denn den zufriedenen alten Menschen gab es auch damals nicht allzu häufig. Da machte so manche zänkische Alte ihrer Schwiegertochter das Leben schwer, oder ein störrischer Alter wollte trotz seiner Gebrechen noch alles Mögliche selber bestimmen.

Gestorben wurde daheim in den Häuschen. Fast alle hatten eine Sterbeversicherung. Viele Jahre zahlten die Menschen ein, damit am Ende ihres Lebens ausreichend Geld für die Bestattung vorhanden war. Sterben war auch damals schon teuer. Und die Vorstellung, dass man den Kindern die finanzielle Bürde einer Beerdigung hinterließ, war den Menschen ein Graus. Wie hätten sie da ohne Hadern und ohne Streit unter die Erde kommen sollen? Also brauchte es unbedingt diese Versicherung.

»Die Katen waren eng und klein«, erzählte der alte Mann aus dem Dorf. »War nun jemand gestorben, so mussten die Nachbarn den Sarg in das Haus bringen. Meist war der Flur so schmal, die Türen so niedrig, dass hin und her probiert werden musste. Die Männer hievten den Sarg hoch, hielten ihn schräg, dann fast senkrecht, drehten und schoben so lange, bis er endlich durch die Tür passte. Aber noch viel schwieriger war es, den Sarg mit dem Toten anschließend wieder hinauszubringen. Nun konnte er ja nicht mehr hochkant gestellt, auch nicht mehr ganz in der Schräge gehalten werden. Aber irgendwie kam jeder Sarg wieder hinaus. Auch wenn er anschließend noch einmal geöffnet werden musste, um den verrutschten Toten wieder richtig zu betten.«

In jedem Dorf gab es einen »Doodbedder«. Das war ein Mann, dessen Aufgabe es war, von Haus zu Haus zu gehen, um zu verkünden, dass jemand gestorben sei. Er trug einen langen schwarzen Mantel und einen schwarzen Zylinder, eine Kopfbedeckung, die ich nur von diesem Mann bei diesem Gang durch das Dorf kannte. Meine Großmutter öffnete ihm. Der Doodbedder blieb immer vor der Schwelle stehen und begann einen monotonen Singsang. Mit feierlich starrer Miene tat er kund, wer zu welcher Stunde in welchem Alter gestorben sei und an welchem Tag die Beerdigung stattfinden werde. War dies ein Nachbar, Nachbarschaft umfasste in diesem Fall die nächsten beiden Häuser, so wurden die dortigen Frauen gebeten, am Abend zum Einsargen zu kommen, und die Männer wurden gebeten, am Beerdigungstag den Sarg zu tragen.

War der Tod vor zwölf Uhr mittags eingetreten, so läutete die Kirchenglocke am selben Tag eine ganze Stunde lang anstatt der üblichen fünf Minuten, war er nach zwölf Uhr mittags eingetreten, so läutete die Kirchenglocke erst am nächsten Tag für eine volle Stunde.

Am Abend gingen die Nachbarsfrauen zum Haus des Verstorbenen. Wenn meine Großmutter ihr einziges schwarzes Kleid angezogen hatte, dazu die schwarzen Strümpfe und die schwarzen Schuhe und dann ohne ein erklärendes Wort losging, so gruselte es mich ein wenig. Denn ich spürte, dass das Schwarz der Kleidung die Achtung vor der Macht des Todes ausdrückte. Alle, auch meine Großmutter, erwiesen ihm mit diesem Schwarz ihre Ehrerbietung. Meine Großmutter strahlte dann eine Mischung aus verhaltener Nüchternheit und tätiger Notwendigkeit aus. Gemeinsam wurde der Leichnam ausgezogen, gewaschen, ihm wurde sein schwarzer Anzug oder ihr das beste Kleid angezogen. Der oder die Tote wurde gekämmt und in den Sarg gebettet. Ich war nie dabei, ich weiß nur, dass die wichtigste Frage für die Erwachsenen stets war, ob er oder sie »in Free«, also in Frieden, gestorben sei. Ob dies so war, war an seinem oder ihrem letzten Gesichtsausdruck abzulesen. Gemeint war damit, ob der Sterbende seinen Tod als sein Schicksal hatte annehmen können und nicht bis zuletzt gegen ihn angekämpft hatte.

Eine Leichenhalle gab es noch nicht. Der offene Sarg blieb bis zur Beerdigung zu Hause stehen. Wer wollte, kam noch zum Sarg, um sich zu verabschieden. War es ein harter Winter mit wochenlangem Frost, konnte das Grab nicht mit dem Spaten ausgehoben werden. Dann musste der Sarg so lange im Haus bleiben, bis das Wetter umschlug und der Boden auftaute. Der alte Mann erzählte mir, wie in seiner Familie einmal der Sarg bei extremer Kälte unter eine der Butzen geschoben werden musste. Die Erwachsenen und die vielen Kinder verbrachten die Tage gemeinsam mit dem Leichnam in einem einzigen Raum.

Ein andermal hatte es so viel geregnet, dass der Grundwasserspiegel sehr hoch lag. Auch unter diesen Umständen war es schwierig, das Grab auszuheben. Es lief sofort voll mit Wasser. Sollte nun der Sarg in die Grube hinabgelassen werden, streute man vorher Stroh hinein. Da dieses auf dem Wasser schwamm, war nicht auf den ersten Blick zu sehen, wie viel Wasser im Grab stand.

»Sonst wäre der Tote ja ein zweites Mal gestorben, indem er ertränkt worden wäre«, meinte der alte Mann scherzend zu mir.

Die Beerdigung fand immer am vierten Tag nach dem Hinscheiden statt. Jeder im Dorf bekam die gleiche Art der Bestattung, unabhängig davon, ob der Verstorbene zu Lebzeiten ein angenehmer oder eher unangenehmer Zeitgenosse gewesen war. Das spielte nun keine Rolle mehr.

Ein Ackerwagen, die Ladefläche bedeckt mit schwarzem Tuch, kam, von zwei Pferden gezogen, zum Haus des Verstorbenen. Dieser Wagen gehörte einem kleinen Bauern, der neben der Kirche wohnte. Die Nachbarn hoben den Sarg hinauf. Dann kamen die Kränze auf den Wagen. Vor dem Pferdegespann ging der Pfarrer, dahinter die Menschen, die an der Beerdigung teilnahmen. Alle trugen Schwarz. Im Frühling, im Sommer und im Herbst kamen weniger Männer als im Winter. Denn in den kalten Monaten hatten sie keine Arbeit, sie mussten stempeln gehen. Sie hatten zwar noch weniger Geld, aber dafür Zeit, Zeit also auch, um jemandem aus dem Dorf das letzte Geleit zu geben.

Der Weg vom Haus des Verstorbenen zum Friedhof konnte lang sein. Aber die Menschen waren es gewohnt, zu Fuß zu gehen. Wieder läutete die Kirchenglocke eine Stunde, das reichte für den Trauerzug auf seinem Weg durch das Dorf zur Kirche oder auch von einem abgelegenen Haus zum dortigen Friedhof.

Als Kind stand ich am Straßenrand und schaute zu. Ich sah die zwei Pferde den Ackerwagen ziehen, sah den Sarg auf dem schwarzen Tuch, das die Ladefläche überlappte, sah die Kränze, sah die schwarz gekleideten Menschen und hörte die Glocke. Alle gingen langsam. Alle schwiegen. Die Prozession war für mich immer aufs Neue fremd und feierlich. Der Tod war in das Alltagsleben eingebettet und ging doch in seiner Zeremonie über den Alltag hinaus. Dem Tod wurde so Würde gegeben und dem Tod wurde so seine Würde gelassen.

Nach der Beerdigung fanden sich die Familie, die nächsten Verwandten und Nachbarn im Häuschen ein. Man saß eng beieinander. Es gab ein gemeinsames Teetrinken mit Butterkuchen.

War die Mutter, der Vater, der Ehemann oder eines der Kinder gestorben, so trug die trauernde Frau eine Zeit lang Schwarz. Manche kleideten sich einige Wochen schwarz, andere monatelang. Es gab eine Frau im Dorf, die hatte ihren elfjährigen Sohn durch einen Verkehrsunfall verloren. Diese Frau trug Jahr um Jahr, vierzehn Jahre lang, nur Schwarz. Als sie es schließlich ablegte, hieß es: »Se is daarover weg«, sie hat es überwunden.

Heute verfügen wir über keine derartigen, alle Unterschiede übergreifenden Totenrituale mehr. Keine festen Formen und Abläufe bergen den Verstorbenen wie ein Boot, welches ihn hinüber in ein Totenreich brächte. Ein solches Gefährt müsste größer sein als unsere Individualität. Diese müsste darin aufgehoben sein.

Aber die behauptete Einzigartigkeit des Menschen erzwingt von uns, dass wir beizeiten die Umstände unseres Sterbens und unseres Todes einer persönlichen Planung unterwerfen. Welche Art von Sarg soll es sein? Soll die Leiche für ein Urnengrab verbrannt werden? Und wohin dann mit der Urne? Auf den Friedhof? Oder auf einen Waldfriedhof? Oder soll die Asche dem Meer übergeben werden? Oder soll der Sarg in die Erde gesenkt werden? Soll es einen Grabstein geben? Und was soll darauf stehen? Oder vielleicht ganz ohne Sarg, nur der nackte Leichnam in ein Tuch gewickelt? Und wer soll und wer kann und wer will auf der Trauerfeier eine Rede halten? Oder braucht es einen eigens bestellten Trauerredner? Welche Musik soll gespielt werden? Und was soll es anschließend zu essen und zu trinken geben? Und wo soll es das geben?

Gelegentlich gehe ich über einen der Friedhöfe in der Nähe. Viele Grabstellen sind frei geworden und bleiben leer. Mittlerweile sind sie von Gras überwachsen. Bei den Urnenbestattungen reicht oft ein kleines Schild mit dem Namen des Verstorbenen. Und immer häufiger ist es nur noch der Name, der mit Dutzenden anderen auf eine Stele montiert wurde.

Manchmal werden noch das Geburtsdatum und der Todestag angezeigt, aber immer häufiger fehlt sogar das. Es bleibt ausschließlich der nackte Name von irgendjemandem, der irgendwann geboren wurde und irgendwann gestorben ist.

Unsere Kultur lässt das Lebensende in Nichtigkeit enden.

Die Auslagerung aus unserer Alltagswelt, die Verborgenheit des Sterbens und des Todes, lässt beides nicht verschwinden, aber der Tod als das, was die Natur eines jeden Menschen ausmacht, was ihm natürlich angehört, verliert sich im Vagen. Die Kultur hat sich verabschiedet von einem Übergang ins Totenreich. Zwischen der Natur des Todes und der Kultur des Todes gibt es keine rechte Verbindung mehr, welche die beiden Sphären zu etwas Sinnreichem vereinen könnte.

Pilze

Es ist Januar. Während der letzten Wochen hat es fast ohne Unterlass geregnet. Die Welt ist trüb und feucht, aber nicht frostig kalt. Auch dieses Jahr scheint es wieder keinen richtigen, keinen strengen Winter zu geben. Ich gehe in den Garten, um nach den Pilzen zu sehen. Denn dies ist ihr Wetter.

Den Pilzen in unserem Garten habe ich lange keine Aufmerksamkeit geschenkt. Ihre Anwesenheit ging beinahe völlig an mir vorüber. Es brauchte ein besonderes, fast spektakuläres Ereignis, welches mich darauf stieß, dass es außer Pflanzen und Tieren auch noch Wesen aus einem dritten Reich des Lebendigen in unserem Garten gibt.

Vor einigen Jahren zeigten sich Ende April im vorjährigen Laub unter unserer alten Rotbuche helle Flecke. Da war etwas dabei, sich hochzuschieben. Pilze drückten ihre Kappen nach oben. Es handelte sich, das ließ sich leicht nachschlagen, um Mairitterlinge, die bald zwei auffällig regelmäßige Kreise um die Buche bildeten. Wir schnitten einen dieser Fruchtkörper über seinem im Boden verborgenen Myzel ab. Es hieß, er sei essbar. Wir probierten davon. Er schmeckte uns, wir fanden seinen Geschmack und sein Aussehen ähnlich dem von Champignons. Aber schnell entdeckten allerlei kleine Tierchen die Pilze ebenfalls und fraßen Gänge in Kappen und Stiele.

Drei Jahre später war damit Schluss. So unerwartet, wie die Mairitterlinge aufgetaucht waren, blieb ihr Erscheinen nun aus, ohne dass wir uns dies erklären konnten. Ich fand mich damit ab und wurde ein weiteres Mal überrascht. Denn nach wiederum drei Jahren entdeckte ich die Pilze erneut, keine fünfzig Schritt entfernt, mitten in der Wiese. Ich war auf das größte, ein prächtig dickes Exemplar getreten und mit der Sohle meines Gummistiefels weggeglitscht. Als ich mich bückte, fand ich noch ein Dutzend kleiner Ritterlinge, die dicht beieinanderstanden.

Wie waren sie dorthin gekommen? Über Sporen? Oder war es möglich, dass die unterirdische Ausbreitung des Pilzgeflechts so weit reichte? Das Wissen, das ich mir angelesen hatte, hatte zwar dazu geführt, dass ich mir die alte Stelle bei der Rotbuche jedes Jahr genau angesehen hatte. Der Gedanke, dass der Pilz irgendwann woanders zu finden sein würde, war mir allerdings gar nicht gekommen. Es war, als hätte der Mairitterling meine Aufmerksamkeit erfolgreich auf die Probe gestellt.

Ich gehe zu den Beeten. Dort stehen noch vier Reihen Spinat, der den Winter überdauern wird. Während der letzten Wochen wuchsen dort zierliche Pilze mit braunen Käppchen und hellbraunen Stielen. Beim Spinat sind sie mittlerweile verschwunden, aber dafür stehen noch einige Exemplare zwischen dem Grünkohl und dem Sellerie. Auch auf einem Erdhaufen, den ein Maulwurf frisch aufgeworfen hat, ist der kleine Pilz jetzt zu finden. Dahinter, in einer Ecke der Beeteinfassung, hat der Wind Laub zu einem Haufen zusammengeweht. Hier ist es nass und matschig, und auch hier zeigen sich die zierlichen Fruchtkörper.

Vorsichtig hebe ich einen der Winzlinge mit ein wenig Erde aus dem Maulwurfshaufen. Ich sehe, dass ich damit ein kleines Stück Holz, umhüllt von Erde, zwischen den Fingerspitzen halte. Es handelt sich um eines der vielen Stückchen geschredderter Zweige, die sich mittlerweile, unterschiedlich stark aufgelöst, in der Erde der Beete befinden. Der kleine Pilz ist an diesem Zersetzungsprozess beteiligt. Er ist einer seiner Akteure. Ich kann die haarfeinen Auswüchse erkennen, mit denen er in das Holzstücklein hineinwächst.

Als ich begonnen hatte, nach den Pilzen Ausschau zu halten, begriff ich bald, wie innig ihre Beziehung zu Holz ist und wie stark wir daran teilhaben, dieses Zusammenspiel hier im Garten zu ermöglichen. Über die Jahre haben wir mit dem Grünschnitt des Rasens, mit geschredderten Zweigen, mit den Wällen aus aufgeschichtetem Totholz und den absterbenden und abgestorbenen Bäumen gute Voraussetzungen für das Gedeihen der Pilze geschaffen. Viele Pilze tauchen nur auf, wenn es Holz gibt, das sie zersetzen können. Hier im Garten belohnen sie uns hierfür, sie spiegeln uns unser Handeln, indem sie in Hülle und Fülle an immer mehr Stellen auftauchen.

»Die Pilze«, so erklärte es mir unser jüngerer Sohn, »dringen mit besonderen Härchen, mit sich verzweigenden Fäden, den sogenannten Hyphen, in das Totholz ein. Andere Pilze bilden in der Erde symbiotische Gemeinschaften mit den Wurzelgeflechten von Pflanzen, um organisches Material aufzubauen. Dass wir hier im Garten so viele unterschiedliche Pilze haben, ist ein gutes Zeichen. Es spricht für den Zustand des Bodens. Sein Innenleben steht sowohl für den Abbau als auch für den Aufbau von organischer Substanz.«

»Und«, fügte der Ältere hinzu, »an den Pilzen kannst du gut sehen, wie die Natur ineinanderwirkt und etwas nur dann auftaucht, wenn es Sinn stiften kann. Wer gebraucht wird, kommt, wer nicht oder nicht mehr gebraucht wird, verschwindet wieder. Es ist ein immerwährendes Tauschen und Handeln, immer andere Wege und Gänge tun sich auf. Wie von selbst belebt die Natur das Alte neu, hier in Form der Pilze. Eigentlich gibt es nur einen Prozess, ein großes Ritual, nämlich das vom Aufbau und Umbau des Lebendigen. Hierfür kennt die Natur viele verschiedene Möglichkeiten.«

Besonders schön finde ich einen Pilz, dessen Fruchtkörper durch ein cremefarbenes Weiß auffällt. Nach Tagen mit starkem Regen erscheinen diese Pilze dicht an dicht auf den Asthaufen am Rand des Grundstücks. Auf dem von Nässe dunklen Holz sind sie zunächst als weiße Pünktchen zu entdecken. Sie wachsen schnell, werden zu runden, muschelförmigen Gebilden. Nach oben besitzen sie fächerartig geöffnete, lamellenfeine Wände. Diese Pilze haben keinen Fuß, sondern sitzen unmittelbar auf dem Holz. Ich breche einen ab, um mir seine Unterseite besser ansehen zu können. Sie wirkt glatt, wie weiß gekalkt. Fahre ich mit den Fingerspitzen darüber, fühle ich eine feste Weichheit. Sein Bau und sein besonderes Weiß verleihen diesem Pilz eine auf mich fast erhaben wirkende Schönheit. Dieses Schönsein ist frei von jedem mir bekannten Zweck. Aber ich kann es wahrnehmen und genießen, und in der Unmittelbarkeit dieses Genusses liegt für mich ein besonderer Sinn. Ich kann gar nicht anders, als diesen Pilzen Schönheit zuzusprechen. Sie erinnern mich unwillkürlich an Kunst, ohne Kunstwerke zu sein, zu denen es einen Künstler oder eine Künstlerin bräuchte.

An den gleichen Stellen, also auf feuchtem Altholz, finden sich auch zinnoberrote Pilze. Wie Pusteln bedecken sie die schwärzliche Rinde der toten Zweige und bilden einen markanten farblichen Kontrast. Sie zeigen fast kein Wachstum, werden allenfalls so groß wie eine Linse, und wenige Tage

Sonnenschein lassen ihre Fruchtkörper wieder ins Unsichtbare verschwinden.

Die meisten Pilze, die auf abgestorbener Rinde oder bereits halb zersetztem Holz wachsen, entsprechen nicht dem Bild der uns bekannten Wiesen- oder Waldpilze. Ein häufiger Pilz auf dem Altholz schiebt flache schwarze Stängel, die sich nach oben hin grau verfärben, aus dem weichen Untergrund. Sie bilden keine Kappe, sondern eine geweihartige Spitze. Zupfe ich eines dieser Stängelchen ab, dann spüre ich, dass es recht fest, fast hart ist und zugleich elastisch anmutet. Dicht beieinanderstehend wirken die Stängel auf mich wie ein Miniaturwald, wie ein Fleck winziger Landschaft.

Als ich begann, die Pilze zu beachten, ging ich wie selbstverständlich davon aus, dass es sich bei ihnen in der Regel um Wesen von bescheidener Größe handelt. Und vielleicht habe ich deswegen ausgerechnet die beiden mit Abstand größten Fruchtkörper zunächst übersehen. Sie fanden sich im Halbschatten des Baumrands. Zwei kürbisgroße braune Exemplare wuchsen am Stumpf eines abgesägten Baumstamms. Als ich mit den Händen über diese Riesen fuhr, spürte ich, wie fest sie waren, fast hart. Ihre Oberfläche, bildlich gesprochen ihre Haut, fühlte sich wie eine Lederkappe an. Aber irgendwann begannen auch diese Giganten sich aufzulösen. Ihr Volumen schrumpfte, sie verloren ihre Festigkeit, die Fruchtkörper verwandelten sich in eine zunächst gummiartige, dann wabbelig weiche Masse. Wie es bei den meisten Pilzen geschieht, begannen Insektenmaden ihre Gänge durch die Fruchtkörper zu graben und beschleunigten so deren Zerfall.

Die besondere Vergänglichkeit kann sich sogar schon ganz am Anfang des Auftauchens zeigen. Bei Regenwetter sprießen an vielen Stellen schnell Pilze von gallertartiger Konsistenz. Sogar aus den Ritzen zwischen den Gehwegplatten schieben sie ihre braunen Fruchtkörper ins Oberirdische hinaus. Ihre Schwammigkeit erinnert an die Pilze, die auf abgeschnittenen Holunderzweigen wachsen. Auch diesen sieht man an, dass sie sich regelrecht mit Wasser vollgesogen haben, ähnlich wie es getrocknete Speisepilze tun, wenn wir sie vor dem Kochen in Wasser aufquellen lassen.

Ich weiß, dass die Pilze, die auf den abgeschnittenen Holunderzweigen wachsen, »Judasohren« heißen. Dieser Name bezieht sich auf eine Legende, nach welcher sich der Apostel Judas, als er Jesus verraten hatte, an einem Holunderbaum erhängte. Auch die Namen einiger anderer Pilzarten, deren Fruchtkörper ich entdeckt habe, konnte ich mit einem Bestimmungsbuch ermitteln, aber die Fülle der ähnlichen Arten ist so immens, dass die Namensgebung nicht die gleiche Gewissheit stiftet, wie sie es bei vielen Pflanzen, zum Beispiel bei den Bäumen, vermag.

Die Unsicherheit, die nicht selten bleibt, verbindet sich in meinem Bewusstsein auf eigentümliche Weise mit einem anderen Nichtwissen. Jeder Fruchtkörper, der mir in unserem Garten vor Augen kommt, erwächst aus etwas Unsichtbarem, aus dem Geflecht, das der jeweilige Pilz in der Erde, in der Rinde, im Holz oder im Wurzelwerk von Pflanzen gebildet hat. Dieses sogenannte Myzel ist die dauerhafte Daseinsform dieser Lebewesen. Vereinfacht kann man sagen, das bis an die Grenze der Unsichtbarkeit feine Geflecht ist der eigentliche Pilz.

Befremdlich bleibt die Vorstellung, dass unser ganzer Garten von vielen verschiedenartigen Pilzgeflechten durchzogen ist. Sie übertreffen die Feinheit, die Dichte und Mannigfaltigkeit der Pflanzenwurzeln. Diese kann ich ohne allzu große Mühe ausgraben und damit ins Sichtbare holen. Mit bloßem Auge kann ich dann erkennen, wie alles an einer Staude oder einem Busch, an deren Wurzelwerk, Knollen,

Stängeln und Blättern zusammenhängt. Das Ganze einer Pflanze verbirgt sich in der Regel nicht vor uns. Bei den Pilzen dagegen bleibt unseren Sinnen das meiste ihrer Existenz verborgen.

Es kann kein Zufall sein, dass nicht wenige Pilze Substanzen enthalten, deren Einnahme die Wahrnehmungskraft unserer Sinne und unsere Fantasie erheblich steigern können. In vielen alten Kulturen galt das Essen bestimmter Pilze als eine Möglichkeit, Zugang zu Bereichen unseres Bewusstseins zu erlangen, die uns sonst verschlossen bleiben. Dies erscheint mir nicht abwegig. Das Wirken der Pilze bildet eine notwendige Voraussetzung für das Leben von Pflanzen und Tieren. Warum soll ihr verborgenes Reich nicht manchen verborgenen Gebieten unseres Geistes entsprechen?

Der Knipser

Im Sommer gehe ich mit einem Freund durch unseren Garten. Das Wachstum der Pflanzen nähert sich seinem Höhepunkt.

»Bald haben wir hier ein undurchdringliches Dickicht«, sage ich zu ihm, und mein Blick gleitet über die Wiese hin zum Waldstreifen. Rund um uns sprießen die jüngsten Ahorne aus dem vorigen und vorvorigen Jahr. Auch von den Sauerkirschen, deren Fruchtfleisch die Vögel gefressen haben und deren Kerne von ihnen verteilt wurden, haben nicht wenige in der Wiese einen Platz zum Keimen gefunden. Der Eichelhäher sorgte für kleine Eichen. Und dass die Pappeln wegen der schieren Menge ihrer Schößlinge und wegen ihres schnellen Wuchses zu den Pionierpflanzen gezählt werden, kann ich mittlerweile sehen und verstehen.

Junge Kastanien finden sich vor allem am Rande des Grundstücks. Viele sind noch niedrig, größere Artgenossen überschatten sie. Ich kann kaum mehr durch diesen Bewuchs gehen, so dicht ist er. In den nächsten Jahren wird sich zeigen, welche von ihnen aus Lichtmangel klein bleiben und wie sie sich dennoch behaupten werden.

Dann gibt es die Weißdorne und die Wildrosen. Nie hätte ich gedacht, dass Wildrosen sich in einem solchen Ausmaß verbreiten. Im Herbst esse ich oft von den Hagebutten der

Mutterpflanzen. Im ersten Moment sind sie sauer, aber vermischt mit dem Speichel wird ihr Geschmack angenehm fruchtig. Mein Mund ist dann voller winziger Kerne. Ich spucke sie auf den Boden. Die Vögel bringen ein Vielfaches an Kernen aus. Aber nicht nur aus den Samen wachsen neue Wildrosen, sie vermehren sich mindestens genauso stark über Wurzeltriebe. Die dünnen, langstieligen, mit feinen Dornen ausgestatteten Nachkommen haben viel Kraft, verzweigen sich bald und werden buschig.

»Undurchdringlich?«, meint der Freund. »Wenn du willst, kannst du jederzeit alles ändern.«

Ich antworte nicht darauf, aber ich weiß, dass er recht hat. Denn ich habe Macht über den Garten. Wenn ich wollte, könnte ich alle Bäume, Büsche, Brennnesseln, Rosen, Gräser, Ringelblumen, Kartoffeln, Pilze, Kellerasseln, Spinnen und Regenwürmer vernichten oder vernichten lassen. Ob groß oder klein, ob tief im Boden verborgen, ob gerade aufgetaucht oder hundertdreißig Jahre alt, ich allein kann innerhalb weniger Tage alles zerstören und zerstören lassen. Ich kann alles und alle dem Tod anheimgeben. Nie zuvor haben wir Menschen eine derartige Macht besessen. Sie scheint alles zu umfassen. Meine ungeheuerliche Macht basiert auf der überwältigenden Kraft der Maschinen und auf der Tödlichkeit der Gifte.

Dabei bin ich nur ein einzelner Mensch. Um mich herum im Garten existieren unzählige andere Lebewesen. Ihre Vielheit ist nicht in Zahlen zu fassen, jedes Zählen stößt an seine Grenzen. Die Biologie greift angesichts solcher Verhältnisse gern zu dem Begriff der Biomasse. Wir Menschen machen nur 0,01 Prozent der gesamten Biomasse auf unserem Planeten aus. Den allergrößten Teil alles Lebendigen bilden Pflanzen, ihr Anteil soll 80 Prozent betragen.

Je mehr Jahre ich hier im Garten verbringe, desto besser kann ich solche Daten mit meiner Erfahrung und meinem Beobachten verbinden. Tausend und mehr Bäumchen, Bäume und Büsche dürften mittlerweile hier im Garten wachsen. Hinzu kommen die nicht zählbaren Gräser und Wildpflanzen und eine noch größere Anzahl an Tierchen, winzige Milben, Läuse, allerkleinste Spinnen bis hin zu den, im Verhältnis hierzu, wenigen Vögeln. Und wenn ich bedenke, wie viel Lebensraum wir Menschen für uns und das tote Material unserer Bauten beanspruchen, schaudert es mich.

»Unser Garten wächst zu«, hatte ich auch zu unseren Söhnen gesagt.

»Aber wie redest du?«, antworteten sie. »Kannst du nur an Beherrschen oder Beherrschtwerden denken? Sieh diese Kraft, diese schiere Energie, die sich darin zeigt. Erfreue dich daran. Bewundere sie. Wir Menschen fühlen nur selten eine vergleichbare Kraft in uns. Und haben wir sie, so fällt es uns schwer, sie bewusst einzusetzen oder sie nur zur Kenntnis zu nehmen, sie sein zu lassen, sie nicht auszunutzen für das schnelle Erzwingen möglicher Ziele. Die Natur nutzt ihre Kraft nie restlos aus, sie schädigt sich nicht durch völlige Verausgabung. Die Natur, wenn wir sie denn lassen, weiß, wann sie ihre Kraft zeigt und wann sie sich wieder zurücknimmt.

Auch Wegnehmen, Abschneiden oder Herausreißen kann durchaus sinnvoll und notwendig sein. Aber die Haltung ist entscheidend. Aus welcher Haltung heraus handle ich? Fühle ich mich bedroht? Habe ich womöglich Angst vor so viel Natur? Will ich ihre Erscheinungen deshalb zerstören? Oder fühle ich mich geschützt? Fühle ich mich vielleicht sogar geborgen und aufgehoben?«

Habe selbst ich letztlich Furcht vor so viel Natur?

Ich weiß es nicht so recht. Furcht vor der Natur scheint in

unserer Zeit eine überwundene, eine antiquierte, weitgehend verschwundene Form von Angst zu sein. Angst haben wir eher vor Fehlfunktionen unserer digitalen Geräte, vor dem Absturz unserer Programme oder vor dem Verschwinden unserer Daten.

Aber Furcht vor der Natur?

Stapfe ich im Sommer durch die dicht bewachsenen Ränder unseres Gartens, so umschwirren mich Insekten, kleine und große Heuschrecken springen zwischen den Blumen, und Libellen sitzen auf den Blüten. An meiner Hose kleben die Samen des Klettenkrauts und der hohen Gräser, die Pollen der Stockrosen bleiben am Ärmel haften, die Stacheln der wilden Rosen ritzen meine Haut. Im Abenddämmer werden durch meine Bewegungen Nachtfalter aufgeschreckt, sie flattern aus den Tomaten, Bohnen, aus den Nutz- wie den Wildpflanzen. Seit einigen Wochen haben wir drei kleine Eulen auf dem Grundstück. Sie hocken untertags in dem Walnussbaum oder in der Rotbuche. Ich kann mich unter die Bäume stellen, die Tiere bleiben sitzen. Ich sehe, wie sie ihre Köpfe in meine Richtung drehen und auf mich blicken.

Beobachten sie mich? Beginnt es zu dunkeln, fliegen sie lautlos durch den Garten. Es ist vielleicht keine Furcht, die ich dann empfinde. Aber in seiner Fremdheit ist dieses Geschehen doch ein wenig unheimlich, weil ich merke, wie viel Leben hier in unserem Garten unabhängig von mir stattfindet. Dieses Leben braucht mich nicht und kümmert sich auch kaum um mich. Womöglich ist dies eine Art von Kränkung, in der Angst Wurzel fassen kann?

Irgendwann schenkten unsere Söhne mir einen Knipser, eine Art Rosenschere, und einen Gürtel mit einer Tasche für ebendiesen Knipser.

»Wenn du jetzt durch den Garten gehst, dann lege beides

an. Es ist in Zukunft dein wichtigstes Werkzeug. Immer, wenn du ein Bäumchen siehst, das mitten aus dem Stachelbeerbusch emportreibt, oder einen Weidenzweig, der einer benachbarten Pflanze viel Licht nimmt, greifst du zu diesem Knipser. Seine Tasche ist wichtig, denn dorthin kannst du ihn gleich zurückstecken. Gehe nicht mit der alleinigen Absicht durch den Garten, etwas abzuknipsen. Es ist etwas, was du immer nebenbei machen kannst. Das schärft deinen Blick für die einzelnen Pflanzen und ihren Wuchs ungemein. Und hättest du die Gürteltasche nicht, so würdest du dein Werkzeug oft verlegen. Es steht für die kleinen Gestaltungsmomente auf der untersten Ebene. Die großen Veränderungen überlassen wir anderen Mächten der Natur, kleine Veränderungen kannst du übernehmen. Du bist Teil eines Lebendigen Ganzen, nicht mehr, aber auch nicht weniger.«

Aufgeschlagene Bäumchen oder Beikräuter aus den Gemüsebeeten zu entfernen, ist noch einfach. Es ist auch nötig, weil sonst die keimende Rote Beete oder die Bohnen nicht ausreichend Licht bekämen. Ebenso macht es Sinn, im Waldstreifen immer wieder einzelne Äste abzuknipsen, damit sie die kleinen Kakis oder den Pfirsich nicht verschatten. Oder einen tief hängenden Holunderzweig wegzunehmen, weil ich sonst nicht mehr aufrecht den Weg entlanggehen kann, sondern mich tief bücken müsste.

Aber ich spüre, wie schwer es mir fällt, die kleinen Bäumchen in der Wiese abzuknipsen. Ich sehe einem ein Meter hohen Pfaffenhütchen an, welchen Weg Richtung Licht es bereits geschafft hat, und komme mir fast grausam vor, wenn ich dieses schlanke, schön gemaserte Einzelwesen handhoch zurückstutze. Dabei sind wir früher mit dem Rasenmäher über ungezählte junge Bäumchen hinweggerattert. Heute kostet es mich sowohl Überlegung als auch Überwindung, den Knipser einzusetzen. Es ist, als würde die rohe Gleichgültigkeit von einst nun in ihr Gegenteil, in ein übersteigertes Mitgefühl, umkippen. Allerdings geht es nicht ohne Kürzen oder manchmal auch ganz Herausreißen. Eine Balance zu finden und zu halten, fällt mir nicht selten schwer. Aber ich will mir solche Unsicherheiten, solche Spannung zugestehen und sie aushalten. Sie gehören zu dem, was der Garten meinem Gemüt abverlangt und zugleich schenkt.

Und wie sollte es auch anders sein, auch ich bin ein lebendiger Organismus und keine programmierbare Maschine.

Unsere Söhne raten dazu, die Bäumchen zwei, drei Jahre in der Wiese stehen zu lassen und sie erst dann abzuknipsen. Was ich wegnehme, kann mit den Zweigen, die wir im Herbst von den Bäumen und Büschen entfernen, geschreddert werden.

»Es geht nicht darum, gar nichts zu machen«, erklären sie mir nicht zum ersten Mal. »Ihr lebt auf diesem Grundstück inmitten dieses großen Gartens, und wenn ihr das Geschehen in der Pflanzenwelt nicht ein wenig mitlenken würdet, könntet ihr kein Gemüse anbauen. Auch eure Bedürfnisse und Sehnsüchte sind Teil der Natur dieses Gartens.«

Der Garten kann ein kleines Refugium, ein Ort des Überdauerns, der Unterstützung und der Hilfe sein. Hier dürfen wir bestimmen, was wir tun oder eben auch nicht mehr tun. Hier können wir einen kleinen, aber dennoch radikalen Umbruch wagen. Hier können wir auch probieren, inwieweit wir in unserem Denken und Handeln zu einer Wende und zu Wandlungen fähig sind. Wir können uns auf eine Weise selbst begegnen, wie das nur selten möglich ist. Über die Pflanzen und unseren Umgang mit ihnen erfahren wir auch etwas über uns.

Niemand kann uns verbieten, im Garten, im Privaten, die

Transformation, den tätigen Umbruch, zu wagen. Niemand macht uns Vorschriften, nichts muss uns begrenzen. Dann zeigt sich, über wie viel mentale Kraft und geistige Beweglichkeit wir verfügen. Wie weit ist es uns möglich zu gehen? Wie radikal und offen können wir sein?

Und dann beschenkt uns der Garten. Haben wir das verdient? Ich hoffe es. Aber noch immer empfinde ich Scham, wenn ich an die Jahre denke, in denen ich sein Sprießen und Wachsen blindlings bekämpft habe und mitmarschiert bin im Trott der Kontrollsüchtigen, der Gleichgültigen und der Ängstlichen.

Ein Blick hinaus

Wenn ich unser Haus, dieses steinerne Gehäuse, verlasse, dann überschreite ich mit seiner Schwelle die Grenze zu einem Raum anderer Art. Ich spüre diesen Übergang. Es ist, als schlüpfte mein Körper in einen weiten, weichen Mantel. Mich umhüllt die natürliche Sphäre unseres Gartens. Ich habe mir angewöhnt, bei jedem Wetter, auch bei Nieselregen, auch wenn ein starker Wind vom Meer her bläst, mindestens eine halbe Stunde lang ganz langsam durch den Garten zu gehen.

Ich setze meine Mütze auf, ziehe die Winterjacke und die festen, knöchelhohen Schuhe an, die ich bei der Arbeit im Garten trage. Die schweren Schuhe sichern meinen Tritt und verleihen meinem Gang eine eigene, auch innerliche Festigkeit.

Jeden Tag schaue ich mir die Pflanzen und die Pilze an. Ich nehme wahr, in welcher Verfassung sie sind, wie sie sich mittlerweile verändert haben, ob sie gewachsen sind und gedeihen oder ob ihr Wachstum in einem Stillstehen zu verharren scheint. Gleichzeitig erfahre ich, was wir Wetter nennen. An manchen Tagen, besonders im November, ist alles nebelverhangen. Es tropft von den Bäumen, ohne dass es regnet. Mein Blick reicht dann kaum über unseren Garten hinaus. Sein Raum wird eng und still. »Een lüttje Welt«, eine kleine Welt, haben meine Großeltern diese Verfasstheit genannt.

Manchmal fröstele ich, spüre die Kälte des Windes im Gesicht und an den Händen. Hebe ich den Blick, sehe ich dunkle Regenwolken über einen trüben Himmel ziehen. Gehe ich früh am Morgen, liegt Nässe auf allem. Bei Frost sind die aufrecht gebliebenen Halme der Gräser und das Gezweig der Büsche und Bäume mit Raureif, mit glitzernden Wasserkristallen überzogen. Die natürliche Welt vermag auch künstlich zu wirken.

Ich will die Schönheiten, die mich meine Gartengänge erfahren lassen, nicht gegeneinander ausspielen, indem ich sie aneinander messe, aber es gibt einen Maßstab, der dies wie von allein tut: Es ist die allmähliche Zunahme des Lichts. Nicht nur die Pflanzen, sondern auch wir Menschen spüren die besonderen Kräfte, die der länger werdenden Helligkeit innewohnen. Monatelanges Frieren und Frösteln und das Sitzen in dunklen Stuben kennen wir nicht mehr. Aber dass ich die Frühjahrsgänge die schönsten Gänge durch unseren Garten nenne, hat viel mit dem Mehr und Mehr an Wärme und Licht zu tun, welches mir der Frühling dort schenkt.

Spüre ich, dass es so weit ist, hole ich mir einen alten Stuhl aus dem Schuppen und setze mich eine Weile in die Sonne.

Wenn ich unseren Garten als einen Körper verstehe, dann greift die Frühlingssonne nach seinen bewachsenen Flächen, nach dem Gesicht und nach den Händen dieses Gartenkörpers und dringt von den Oberflächen her wohlig, manchmal aber auch fast aufreizend kitzelnd in seine Tiefe. Alle Menschen wissen, wie heilsam Helligkeit und Wärme auf unser Gemüt einwirken. Wir können gar nicht anders, als die Wirkung, die diese Sonnenkräfte auf uns haben, mit dem gleichzusetzen, was nun mit den Samen und Knospen der

Pflanzen geschieht. Sie saugen die Sonnenenergie auf, wandeln sie um, machen die gespendete Kraft zu ihrer eigenen.

Der Wandel beginnt mit kaum wahrnehmbarer Geschwindigkeit. Jedes Jahr jedoch staune ich erneut darüber, wie zügig, in meiner Wahrnehmung rasend schnell, für das menschliche Auge kaum zu fassen, ringsum die Farbe Grün zunimmt. Grau- und Brauntöne wandeln sich zu allen erdenklichen Grüntönen. Das Grünen des Gartens errichtet seine eigene Zeitordnung, und die Sonne, diese ungeheure, diese ungeheuerlich großzügige Geberin, spendet die nötige Energie. So viel wandelt sich ohne unser Zutun. Es ist eine beglückende Ohnmachtserfahrung.

Im Laufe der Jahre haben mein Mann und ich unser tägliches Essen und Kochen dem angeglichen, was uns die Pflanzen an Gemüse und Obst nach und nach bereitstellen. Der Frühling schenkt uns die überraschende Fülle des Wildsalats, in welchem auch der Spinat und der Wintersalat aus dem vorangegangenen Jahr ihren Platz finden. Der Rhabarber drängt mit aller Macht aus dem Boden, und dann erhebt sich wie ein ansteigender Bogen die Ernte der warmen Monate, von den ersten Frühkartoffeln über die Bohnen bis hin zur Roten Beete, dem Kohl und den Steckrüben. Nach und nach kommen die Beeren und Steinfrüchte hinzu. Ein Teil der Gartenfrüchte ist gut lagerbar, wie die Nüsse und die Boskopäpfel. Kommenden Herbst werden wir das erste Mal Süßkartoffeln ernten. Und wie bei meinen Großeltern steht im Winter der Grünkohl im Beet.

Dies alles jedes Jahr wieder und wieder tun zu können und tun zu dürfen, stiftet eine eigentümliche Verbundenheit mit der zeitlichen Ordnung, die der jeweiligen Pflanze innewohnt. Unser Säen und Kultivieren, unser Wachsenlassen und Ernten zieht unterschiedlich gewölbte, unterschiedlich weit gespannte Bögen durch den Lauf des Jahres. Dies wird im kommenden Jahr erneut so sein, nicht völlig gleich, aber doch sehr ähnlich. Mein Tun wird sich wiederholen und sich dabei mit der Wiederkehr des Naturgeschehens verflechten. Fast könnte man von einem Ritual sprechen, einer Übung, die der gärtnernde Mensch und die anderen Wesen in seinem Garten gemeinsam vollziehen.

Gehe ich verärgert, verdrossen oder voll Wut über irgendein Übel in den Garten, so dauert es, bis ich dessen Dasein deutlich wahrnehme. Zunächst bleibt alles, was da wächst, merkwürdig schemenhaft, dann aber beginnt das Leben, das Wachsen rund um mich herum, damit, mich auf seine besondere Weise zu trösten. Dass wir vielen Pflanzen in unserem Garten Raum geschaffen haben, hat dazu geführt, dass wir an der Zeitordnung der Natur, an ihren Zeitläufen und Zeitspielen, an ihren Bögen und Kreisläufen Anteil nehmen dürfen. Und mein jeweiliges Mich-Grämen erscheint mir so kleinlich, so egoistisch menschlich, eigentlich überflüssig. Ja, und es macht hässlich.

In solchen Momenten weiß ich aber auch, dass mich der Umgang mit der Wirklichkeit unseres Gartens wieder an dessen Schönheit anschließen kann. Diese Schönheit trügt nicht. Und diese Schönheit betrügt mich nicht. Wir pflanzen Büsche und Bäume, wir bauen Kartoffeln an, wir lassen den Maulwurf gewähren, wir lassen die Ameisen ihre Hügel bauen, wir lassen das Vergissmeinnicht verwildern. Daran teilzuhaben, gibt uns eine Würde, wie sie vielleicht nur der Mensch bewusst erleben darf.